# 游戏在幼儿教育中的指导策略研究

李 佳／主编

吉林出版集团股份有限公司

全国百佳图书出版单位

**图书在版编目（ＣＩＰ）数据**

游戏在幼儿教育中的指导策略研究／李佳主编. —
长春：吉林出版集团股份有限公司, 2022.12
ISBN 978-7-5731-2262-9

Ⅰ.①游… Ⅱ.①李… Ⅲ.①游戏课－教学研究－学
前教育 Ⅳ.①G613.7

中国版本图书馆CIP数据核字（2022）第174792号

YOUXI ZAI YOUER JIAOYU ZHONG DE ZHIDAO CELÜE YANJIU

# 游戏在幼儿教育中的指导策略研究

| | | |
|---|---|---|
| 主　　编 | 李　佳 | |
| 责任编辑 | 宫志伟 | |
| 装帧设计 | 言之凿 | |

| | | |
|---|---|---|
| 出　　版 | 吉林出版集团股份有限公司 | |
| 发　　行 | 吉林出版集团社科图书有限公司 | |
| 地　　址 | 吉林省长春市南关区福祉大路5788号　邮编：130118 | |
| 印　　刷 | 唐山富达印务有限公司 | |
| 电　　话 | 0431-81629711（总编办） | |
| 抖 音 号 | 吉林出版集团社科图书有限公司　37009026326 | |

| | | |
|---|---|---|
| 开　　本 | 787 mm×1092 mm　1／16 | |
| 印　　张 | 12.75 | |
| 字　　数 | 200千 | |
| 版　　次 | 2023年1月第1版 | |
| 印　　次 | 2023年1月第1次印刷 | |

| | | |
|---|---|---|
| 书　　号 | ISBN 978-7-5731-2262-9 | |
| 定　　价 | 58.00元 | |

如有印装质量问题，请与市场营销中心联系调换。0431-81629729

# 编 委 会

# 目 录

## 第一篇　理念篇

游戏精神下的自由教育理念⋯⋯⋯⋯⋯⋯⋯⋯⋯⋯⋯⋯⋯⋯⋯⋯⋯　2

游戏精神下的教育实践⋯⋯⋯⋯⋯⋯⋯⋯⋯⋯⋯⋯⋯⋯⋯⋯⋯⋯　18

## 第二篇　理论提升

以幼儿的视角重构教师"游戏者身份"⋯⋯⋯⋯⋯⋯⋯⋯⋯⋯⋯　38

一场童玩游戏节引发的课程变革⋯⋯⋯⋯⋯⋯⋯⋯⋯⋯⋯　46

新视野背景下幼儿园游戏课程的实践探索⋯⋯⋯⋯⋯⋯⋯　52

幼儿园环境创设的有效策略⋯⋯⋯⋯⋯⋯⋯⋯⋯⋯⋯⋯⋯　58

贯穿游戏精神的幼儿园课程⋯⋯⋯⋯⋯⋯⋯⋯⋯⋯⋯⋯⋯　65

让幼儿在游戏中绽放天性⋯⋯⋯⋯⋯⋯⋯⋯⋯⋯⋯⋯⋯⋯　78

游戏课程化主题计划指导策略⋯⋯⋯⋯⋯⋯⋯⋯⋯⋯⋯⋯　86

幼儿自主管理游戏材料的策略⋯⋯⋯⋯⋯⋯⋯⋯⋯⋯⋯⋯　97

课程游戏化背景下幼儿园生活活动的误区与优化⋯⋯⋯⋯　107

幼儿园户外混龄区域活动的组织策略⋯⋯⋯⋯⋯⋯⋯⋯⋯114

# 第三篇　教学实践

幼儿园实施课程游戏化的策略……………………………………… 120

重拾游戏精神　让游戏化理论点亮幸福人生…………………… 141

"冰球"大战 …………………………………………………… 151

户外游戏活动探索实录…………………………………………… 175

现代幼儿园游戏化管理的有效实践路径………………………… 184

做幼儿游戏的玩伴………………………………………………… 188

# 01

第一篇

理念篇

# 游戏精神下的自由教育理念

四川省蓬溪县广福幼儿园　李　佳

## 一、以"自由教育"为理念办园思想形成的背景

### （一）基于幼儿特点

"教育即自然发展"，即"人的教育"必须遵循"自然的意志"，必须遵循"人的天性"。刘晓东在"天性为教育立法——兼评'打破幼儿的自然成长'"中谈道，在人的才能发展背后起决定作用的是自然意志、自然规律。我们要遵循幼儿身心发展规律，而非去"打破幼儿的自然成长"。

每个生殖细胞都拥有各自不为人知的发展图谱，任何物种都不例外。每一个物种都有自己的本能，都有与众不同的机体特性，都有自己赖以生存的外部环境。从一出生，生物在自然界的位置就已经注定。幼儿是有学习的最佳期限的。幼儿思维是诗性的，逻辑是诗性的。

同时，身体的自由是走向人的起始。自由使用和支配自己的身体，不仅能发展身体，也能发展幼儿的情绪（奔跑时愉快的情绪体验，舒畅的、大汗淋漓的感觉），感觉（痛觉、触觉、温度觉、视觉、味觉）、心理（喜、怒、哀、乐、惧）、认知（感觉、知觉、记忆、思维、想象、语言）与精神。

如何让幼儿在天性的引导下按照自然的规律学习和成长？只有自由。当然这是让幼儿从小适应自由理念之下的生活和学习，而不是习惯于别人告诉他们学什么、怎么学以及何时学。因此，我们提出了"自由教育"，毫不含糊地将自由的价值、限度、内容、教师的支持状态等完全呈现出来，其目的是让生命的自由真正在场，扫除外来的各种阻碍，让幼儿和教师真正实现自由地学习、

游戏，从而获得真正意义上的自由的成长。

**（二）基于自由教育实践的探索**

我们有着十几年的"诗性教育"实践基础，主张"教育要有生命的质感"，以"办一所有美感的幼儿园"为目标。诗性教育，是以幼儿、教师、园长的健康、快乐、自由发展为教育第一位的；是以幼儿、教师、园长的人文意识创造、创造精神的文化自觉的态度、情感、行动为前提的；是以幼儿、教师、园长都学会了解、敬畏、欣赏和创造"美"为使命的。

我们将办学思想落实到课程中，形成了"追求情趣化表达"的课程理念，有基本的课程保底，有自己的特色课程作为选择，建构了相应的内容体系，并且形成了"幼儿书法艺术审美课程""幼儿社会性情感课程"两种园本课程，在此基础上形成的丰富的实践活动在国内许多重要场合进行了交流。

在具体的教育教学实践中，各种给幼儿自由选择、自主活动等说法有很多，但是真正在自由的定义，自由限度、边界、自由与纪律、规则的关系，自由教育的内容，教师自由的程度等方面还是不甚明了。我园是新建园，教师都是90后，他们所接受的教育、生活的原生家庭，都让他们习惯于被告知地学习，习惯于被安排，因此他们身上体现出来的就是经验式的工作，习惯以自己成长的模式和方法来对待幼儿，习惯一切都为幼儿代劳，习惯在控制中获得安全感。

我们知道，无论是全人类的学习还是个体的学习，都不是一种外在的过程，而是一种内在的过程。它是一种内在的思想交流，是自愿和自由的，任何外在的强迫都无助于启动和维持这一过程。我们给幼儿的不是外在的、形式上的、虚假的自由，而是深入到骨子里的自由。我们的期待就是让幼儿一生都享有自由的心灵。我们认为：自由是世间万物及生命和谐之态的基础，是本性。没有了自由，世间一切都是异化的、僵化的、无趣的，毫无美感及创造性可言。唯有自由才能让生命饱满、灵动与和谐。

**（三）基于时代发展的趋势**

工业时代：推动经济发展的是无数的工厂和高效的流水线工作。其主角是从事大规模生产的工人，其基本特征是体力和个人毅力。

信息时代：大规模生产退居幕后，信息和知识成为驱动发达国家经济发展的主要力量。其主角是知识工作者，其特征是擅长左脑思维。

人工智能时代：当今，物质财富的充裕，亚洲崛起自动化的影响在不断深化。其主角是创造者和共情者，其特征是擅长右脑思维。

今天我们正处在人工智能时代的门口。我们可以预见将来人工智能的很多素养、能力会慢慢超越人类。对于70后、80后来说，进名校、入外企、做公务员，不管出身如何，通过个人的拼搏，总是有机会踏上父辈们期待的那种生活轨迹。而现在的幼儿，他们面临的环境和竞争，会远远超出我们这一代人的经验可以理解的范畴。

我们要思考未来智能时代的教育，要给幼儿们一些人工智能无法替代的、永远和人的一辈子同行同在的知识和技能。

### （四）基于教育发展的价值反思与价值追求

教育的发展究竟在追求什么？诺贝尔经济学奖获得者、著名经济学家阿马蒂亚·森的自由发展观给了我们很大的启示，一方面他认为发展就是扩展自由，自由是发展的首要目的，自由也是促进发展不可缺少的手段。这是因为现代社会的根本价值取向是发展，而社会发展的推动力量是人，这就决定了人的自由与解放的必要性；另一方面，摆脱他人意志的奴役和专制是现代人的价值观，因此，社会发展的目标就是不断扩展人的自由。

教育要形成人的实质性自由。首先要培训人对自由的意识，意识到自己可以（有机会）、能够（有能力）并且应该（有责任）去自由地判断和选择生活，去创造自己梦想的、有价值的、有趣味的、令人珍视的、真实的生活，而不是只有一种选择——和周围的人一样过既定轨道里的周而复始的生活，终其一生都是在看着别人的背影，跟在别人后面过一种不知道是为了什么的生活。而自由的意识和能力只有在自由的生活中才能形成。

反思教育的发展是否拓展了受教育者的自由，是否使其具备了过有价值生活的实质性的"可行能力"？现实社会的复杂情境中，教育的发展可以有不同的形式，可以保持不同的速度，可以通过不同的制度来实现，但有一点是教育发展必须恪守的，那就是教育的发展必须始终趋近教育的终极目标——为了人的自由。因为只有在拥有自由的基础上才能追求各种值得追求的东西，什么是值得追求的东西，或者说什么是好的东西，都会在人的自由状态下变得清晰起来。一个人拥有多少自由就拥有多少创造好生活的机会。所以，自由的可能以及自由的实现是幸福生活的前提条件，而只有为了自由的教育，以人的自由的实现为价值追求的教育才能达成人类的理想生活状态。

**（五）基于"游戏是幼儿的基本活动"的思考**

德国哲学家、心理学家、美学家谷鲁斯从社会学的角度出发指出幼儿游戏是未来生活的预习性学习。《幼儿园教育指导纲要（试行）》（以下简称《纲要》）明确指出：幼儿园教育活动以游戏为基本教育活动。

康德认为，自由是游戏的灵魂所在。在游戏活动中，因活动的无目的又合目的性，人感到了极大的快乐。这种活动是使人感到拥有自由的快乐，并由此带来美的体验。

朱光潜说：生命就是活动，活动才能体现生命，所以生命的乐趣也只有在自由活动中才能领略到，美感也是自由活动的结果。

游戏的基本精神是自由，游戏者在游戏中自由思考，采取行动并伴随着一种精神超脱的情感状态。游戏指向人的自由，追求生命的自然绽放。在游戏中，游戏者摆脱外在的强制与压力，完全沉迷于游戏，一切都在自然中进行。"戏"的意义仅在于"游"的过程中自由自在的状态。

## 二、理论基础

### （一）国外关于自由教育的论述

#### 1. 马克思的自由观

马克思将自由与现实的人相联系，在他看来，真正的自由至少要包括以下几方面内涵：首先，人的自由以人的独立性为前提。人的独立性表现在两个层面，一是意识到自我的独立存在，能够按照自己的意志行动，而不是由于外在的强迫和内在的蒙昧，即自我意识。其次，自由的活动必须是自觉性、自主性和自愿性的获得。自觉性是指个人的自我意识觉醒并能将其外化于活动。自主性是自觉的表现形式，表现在自我主宰本身的行为。自愿则强调了活动的非强迫性，与积极自由的内涵相似。最后，创造是自由的根本。人创造了对象世界，创造了个人自己，也创造并支配着社会关系。创造意味着驳斥了社会环境对自我的塑造，所以人的自由本质决定了人的创造和支配。

**2. 蒙台梭利的自由教育观**

自由教育是蒙台梭利科学教育方法的基础与内核。蒙台梭利指出：幼儿有一种与生俱来的"内在生命力"，幼儿的生命潜力是通过自发冲动表现出来的，其外在形式就是幼儿的自由活动。这种生命力是一种积极的、活动的、发展的存在，它具有无穷无尽的力量。激发生命，让生命自由发展，这是教育者的首要任务。蒙台梭利在《童年的秘密》中指出：童年最深奥的秘密在于，幼儿不是被成人教成大人的，而是自己吸收养分去长成大人的，教育应该提供有营养的环境，培养幼儿自我发展的能力，让每个幼儿成长为他自己。只有在鼓励自由的环境里，幼儿才能真正地长大；在高控制环境中成长的幼儿，教师就成为幼儿自由成长的阻碍。

教育的任务应是顺应天性，刺激并促使内在生命力发挥主导作用，使幼儿依照自然规律获得自由发展。因此，教育应该给予幼儿自由活动的权利。蒙台梭利强调："科学教育学的基本原理将是幼儿的自由，允许个性的发展和幼儿天性的自由表现。"

蒙台梭利还认为，教和学的普遍要求即遵循幼儿自由的原则，能适应个性发展的自然变化，允许生命有机体天性获得自然表现。蒙台梭利非常重视幼儿的自由，她所强调的自由并非是对幼儿放任不管，或让幼儿任意妄为，而是有范围、有限度、有条件的，与卢梭主张的"自律"和"自治"有异曲同工之处。

蒙台梭利主张保证幼儿发展的自由，她要求教师在保证幼儿自由的前提下，要注意以下几个问题：

（1）在自由的基础上培养纪律性。蒙台梭利提出自由是有限度的，主张纪律应当建立在积极、主动和理解的基础之上，而不是屈服于人。蒙台梭利认为纪律是自由选择的自发结果，积极状态下的纪律绝不是靠命令、说教和惩罚等外力限制幼儿活动所能得到的，这种良好的纪律是表面有效但不持久的，高压形式下的静止不动，被动、屈从的纪律只会严重损害幼儿的身心健康，甚至可能会破坏他们内在发展的源泉。真正稳定的纪律应通过幼儿在自由状态下的自律来实现，她多次强调一个自觉遵守纪律的人，是通过意志来克制自己的各种行为来赢得"自由"，那么自由也因纪律而得到了丰富的机会。

（2）通过独立达到自由。蒙台梭利强调，一个人不独立就不能自由。只有能独立活动的人，才能在战胜困难中增长能力，使自己发展得更加完善。

（3）在自由练习活动中发展意志。蒙台梭利认为只有通过幼儿自由的活动才能培养意志。幼儿之所以选择某件事，而不做另一件事，是由内部的意志倾向来决定的。他的意志引导他前进，并发展他的力量。

（4）在自由活动中培养社会性。

（5）有准备的环境。幼儿的自由发展是需要一定的环境的。这种有准备的环境应该是实用的、美观的、有规律、有秩序的，而这种环境是便于幼儿自由活动和自然表现的。幼儿只有在这样的环境中，才能自由地发展体力、智力和精神。她主张人们应该利用环境来挖掘幼儿自身的发展潜力，而不是按照某种环境模式来塑造幼儿。

**3. 罗素的自由教育观**

罗素贯穿其整个教育思想体系的自由观，凸显了当时社会先进知识分子对自由精神的渴求。罗素在自由教育观中强调"培养人类普遍需要的素质"。罗素指出："为了保证最大程度的自由，必须通过教育来塑造人们的性格。"他主张通过培养和发展人类普遍需要的素质来实现理想的社会，认为只有通过良好的教育——自由主义教育，才能塑造人们的完美品性，使其不仅仅是简单地适应成长环境，而且超越环境并从中获得自由的人生。教育的目的在于培养四种理想的品性：智力、活力、勇气和敏感。他指出：自由的东西或自由的人是不受外部强制束缚的，如果精确一点儿，还要指出这种强制是什么。因此，当思想不受时常出现的外部束缚的约束时，它才是自由的。

**4. 洛克和卢梭的自由观**

洛克和卢梭的自由观的产生有其特定的背景和含义，我们在实践中应努力发掘其中的合理性因素，进而形成尊重、保护幼儿学习自由和教师教学自由的自觉意识。尊重、保护幼儿的学习自由就是高扬幼儿的主体地位，切实保障幼儿在学习中的选择权利。形成和发挥幼儿的主体地位是教育的最高目的。要尊重、保护教师的教学自由就要给教师足够的发挥主体性的空间。幼儿学习自由和教师教学自由是相互促进、相得益彰的。

**（二）国内关于自由教育的论述**

**1. 石中英的自由教育观**

（1）日常生活中的"自由"

在人们的生活中，"自由"被当作"中性词"使用，被看成是达成某种价值目标的"工具"，意指一种"自愿""自主"和负责的行为状态，以区别于那种"强迫""被动"和"依附"的行为状态。在青少年的日常生活中，"自由"还被当成是一种值得追求的独立生活状态，以"摆脱"教师和父母过度的"控制"或"监视"。

（2）自由与人生

自由是人类的本性，人类的本性有很多：理性、神性、文化性、自然性、游戏性、自由性。"自由"是人类的本性之一。缺少了自由，人就被"异化"成了"奴隶"——"一种会说话的动物"。作为"奴隶"或"会说话的动物"，"人"的一言一行不是由自己的意志所支配，而是受外在强制性的力量所支配。

自由是人的本性。只有自由的劳动，才是人的劳动，强迫劳动是劳动的异化，也是人的异化；只有自由的学习，才是真正的人的学习，强迫学习是学习的异化，也是人的异化；只有自由的生活，才是人的生活，不自由的生活，是生活的异化，也是人的异化。

自由是智慧之门。"经验"一定是"自由"获得的，而不是"强制"获得的。从一定意义上来说，没有"经验的自由"，就没有新知识的出现或人类认识的进步。因此，没有自由的心灵、自由的思想和允许它们存在的环境，幼儿自由制度也是不可能存在的。

自由是德行的基础。真正的个人德行，必须在一个自由的社会和自由的精神状态下才有可能形成。

自由是实现人生其他所有价值的基础。第一，没有自由，人生的其他所有价值理性就不能得到真正实现；第二，实现人生其他的价值理想，不能以牺牲自由为代价。在当代社会，精神健康已经超过身体健康成为人类健康最大最棘手的问题。而自由的生活和工作，有助于减少由于强制所带来的心理问题。爱是我们生活中一种基本的力量和价值追求。没有爱的生活是没有光彩的，甚至是没有意义的。但是，无论是追求还是示爱，没有自由的心境，就没有真正的爱。真正的友谊也必须是以自由交往为前提的，不能有任何的个人利害关系的考虑在里面。幸福一定是建立于自由基础上的。一个没有自由的人，无论他如何富有，都不能说是一个幸福的人。而且，他个人的体验也一定是不幸福的，最多只有财富带来的满足或权势带来的虚荣。

（3）自由与社会

无论是对于一个具体的社会组织还是对于整个的社会而言，秩序都是重要的。没有秩序的组织或社会都会陷入混乱状态。处于混乱状态的组织或社会本身谈不上什么进步。合理的秩序，是任何一个组织或社会进步所追求的目标。自由秩序是建立在秩序所涉及的所有成员的自由、自主和自愿的基础上的，是他们公意的产物，自然也会得到他们高度的认可、接纳和积极的实践。而强制秩序则是建立在一部分或少数人的意愿的基础上的，是为了维护少数人的利益的，因此对于大多数的人来说，不会去主动地认同、接纳或实践，因此也没有什么内在的约束力。

（4）"自由"与"教育"意义的呈现

自由，是快乐的条件。在没有自由的时空里，没有快乐可言。《幼儿的一百种语言》认为幼儿出色的表现与幼儿的自由密切相关，在瑞吉欧教育体系中，幼儿对事物的表达方式是自由的，对事物探索的时间是自由的，对活动内容的选择是自由的，言行举止是自由的。但如果是在被强制的条件下，游戏就没有快乐可言。

石中英在《教育哲学》中谈道：无论是人类的学习还是个体的学习，都不是一种外在的过程，而是一种内在的过程。它是一种内在的思想交流，是自愿和自由的，任何外在的强迫都无助于启动和维持这一过程。从这个意义上说，真正的学习，就应该是自由的学习。

**2. 陶行知的生活教育理论**

陶行知认为，要解放幼儿的头脑、双手、脚、空间、时间，使他们充分得到自由的生活，从自由的生活中得到真正的教育。

## 三、自由教育的内涵解析

### （一）什么是自由

"自由"是指人们在私人和公共领域中自主地思考和采取行动的一种权利或状态。"自由"涉及私人领域和公共领域；"自由"是一项社会权利，也是一种思想、活动或情感状态；"自由"的核心就是"自主"，既包括"免于强迫"，也包括"按照自己的意愿或计划去做某事"；自由既是"消极的"，也是"积极的"；"自由"是每一个人广泛的社会权利与基本的存在需要。

幼儿的自由可以分为三个层次：身体的自由、心理的自由以及精神的自由。身体的自由是心理的自由和精神的自由的前提，心灵和精神想要得到超越，需要以身体得到解放为前提。幼儿的心理世界是天真的、富有想象力的，同时需要获得安全感和情感的满足。精神自由的幼儿会自由地想象，会表达对事物自我独特的见解，不会担心自己的看法与别人不一样而受到责备和惩罚。

### （二）自由教育是什么

所谓自由教育，是指不拘泥于成说旧见，以探索求新为务的教育。指能够遵循自然，特别是幼儿内在自然规律的教育。

#### 1. 自由教育以人为本

以人为本的教育是以人为目的的教育，而不是以人为物、以人为工具的教育，具有浓郁的人文气息和深沉的人文关怀，以尊重幼儿的个别差异为前提，反对标准化、均质化，鼓励和帮助幼儿成为他们自己，而不是按照某种纯粹外在的标准来塑造自己。

#### 2. 向每一个人提供适合他需要的自由教育

所有的幼儿都可以自由地表达自己的意见或看法；所有的幼儿在自由地表达自己的意见或看法方面都是平等的；不同幼儿的不同看法都是被允许和鼓励的，任何人不会因为自己见解的不完善而受到外在权威的斥责；任何人都不能凭借理性或智慧以外的力量来增加自己见解的分类，任何人的见解也都必须接受别人的质疑。

#### 3. 自由教育不是无限制的随心所欲

自由教育所说的自由是基于理性的自由，而不是无限制的随心所欲。综观自由教育的历史，除了个别历史时期和个别人之外，绝大多数历史时期和绝大多数人在谈到作为教育方式方法的自由时，都不是指那种不要任何限制的绝对自由，而是指那种在一定条件下才成立的相对自由。

**（三）自由教育的特征**

人的自由可以看作是在活动中通过认识和利用必然表现出的一种自觉、自为、自主的状态。自由活动就是自觉的、自为的、自主的活动。其中，自觉、自为是相对于"自在""自发"而言的，自主是相对于"强制""被迫"而言的。

（1）自觉——即内在自我发现、外在自我创新的自我解放意识；是指幼儿在一定认识的基础上能够发现自己所能够做的行为的边界，如无须提醒去做某事或按公意的规则行事。例如，哪些行为是受欢迎的，哪些行为是会不利于他人或造成其他人的阻碍的，并能够自觉遵守规则等一些言行举止，同时，能感受到内在情绪、心理的变化，并对其正确认识和发展。

（2）自为——即自己做；自己治理；自己做主，自己决定；看待自己；为自己。自为体现在有与年龄相当的自我服务能力，能自己计划安排自己的一日时间，能够正确认识自己的优点与有待发展的方面，按照自己喜欢或擅长的方式自由地表达。

（3）自主——即自己做主，不受他人支配；自己管理；有独立地存在的能力。也就是幼儿按照自己的意愿，带着自己的问题，自己在探索中解决问题，在自己的尝试中逐渐完成结果，例如，自主选择学习内容、学习时间、选择班级，在具体学习过程中独自思考、理解、表达、质疑、讨论等，有自己的看法；能够自己管理自己的物品、情绪等。自主体现在对事物探索的时间是自由的，对活动内容的选择是自由的。

**（四）自由教育的基本主张**

**1. 以本性为基础**

幼儿的成长受到内部潜能的驱使，它是幼儿的生命之源。教育的任务应是顺应天性，刺激并促使幼儿的内在生命力发挥主导作用，使幼儿依照自然规律获得自由发展。其中，尊重幼儿的天性、尊重幼儿的发展规律，尊重幼儿的个性是基础。当幼儿的天性得到了真正的释放后，其生命的状态就是教育所期望的和谐的状态。

蒙台梭利说："幼儿的自由就其限度而言，应在维护集体利益范围之内；就其行为而言，应具有我们一般所认为的良好教养。"幼儿时期，他们也会强烈地呼唤勇敢地追求自由（如幼儿总是趁成人不注意就会跑出成人限定的范围之外去活动——更大的空间，见更多的人，做更多成人约束的事）。但是他们所呼唤的和所追求的是具体情境下"能够做的自由"或"作为一种权利的自由"。

**2. 建立在理性基础之上**

罗曼·罗兰说："一个人的绝对自由是疯狂，一个国家的绝对自由是混乱。"自由过了头，一切就乱了套。孟德斯鸠说：自由是在法律许可的范围内任意行事的权利。只有秩序才能产生自由。。

我们所要追求的自由是在不妨碍他人的前提下，按照我们自己选择的方式进行生活和思考的权利。没有规则的自由是不自由的。

我们的自由是建立在公意秩序的基础上的。真正的自由会带来良好的秩序，而不是混乱。我们要的是合理的秩序。这种自由秩序是公意的产物，而非强制秩序。例如，幼儿园中"班级公约""区角规则"等都可以体现公意秩序。通过班级公约，幼儿一点点地体验到了"负责任的自由"这一概念，不是靠智力理解，不是靠被告知的，而是在情感、情绪和理智中体会出来。我们应该让他们明白，自由是一种责任，自由是一种秩序，为了享有自由，必须控制自己。

一个人对知识掌握的牢固性程度与对知识理解的深刻性程度，在相当的意义上决定了他在其他方面的发展程度。外在的奖励与惩罚、反复的机械练习、高频度的测验与考试等都会产生一定的作用，但是这种作用是不会持久的。一旦外在的条件消失或学习任务完成，就会出现大面积的知识遗忘或理解障碍问题。解决这个问题的最好办法，就是在知识呈现、传递、接受、检验等过程中，充分地利用学习者的理性，帮助或促使他们理解知识与其背后的理性形式之间的关系。为此，应支持幼儿自由自在地探索、发现和活动，支持他们的自由思考，给足其空间。

**3. 教师在场**

自由教育不是完全放手不管。教师应作为观察者、引导者、支持者和组织者在场。

（1）专业的观察者。在自由教育思想中，教育者并不是一个主动施加影响的观察者，而是相对被动的观察者。这种被动性应该体现在对观察对象有好奇心，而且对所观察到的一切表示尊重。因此，教育者要充分理解和遵守作为一名观察者的立场，应观察到幼儿最细微的动作，探知到幼儿最殷切的需要。

（2）及时的引导者、支持者。教师应支持幼儿具有积极意义的需要，包括材料的支持、环境的支持、关系的支持等，为幼儿搭建适宜其发展的阶梯。这里包括对幼儿发展的阶段性、速率、敏感期的理解和尊重。

（3）全方位的组织者。例如，安排合理的作息时间、餐点营养均衡、环境创设与课程安排等。

**（五）幼儿观**

幼儿生命基调的诗意性。幼儿拥有一个感性直观、充满梦想的诗意世界。幼儿的世界是感性直观的、整体的世界，而不是理性的、分离的世界。维柯曾提出，原始人具备一种"诗性的智慧"。

幼儿具备这种诗性的智慧是因为以下两点：第一，与成人相比，幼儿缺乏日常经验，这让幼儿对世界产生强烈而广泛的好奇心和求知欲；第二，幼儿具有出色的感觉力、想象力和创造本能，这源于幼儿特有的思维方式和心理特征。幼儿的内部世界与外部世界是一个整体，幼儿的行为即表现着幼儿内心的情绪情感。在幼儿的眼中，自我与外部世界、有生命的与无生命的、现实的与梦想的、游戏与艺术、过去、现在以及未来，可以水乳交融浑然一体。由于幼儿将自我与外部世界看作一体，因此在接触外部世界时往往以自我感受为中心，表现出万物皆有灵性的"泛灵性"心理特征，他们认为星星在眨眼睛，天空会流眼泪，桌子在睡觉，花儿在笑……幼儿眼中的世界往往是生机盎然和充满人情、人性的世界。这体现在日常生活中幼儿总能对我们司空见惯的事物赋予生命力，以自我感觉为中心与其实现着具有生命力的互动。在这种出色的感觉力和生动的想象力下，他们按照自己的观念去创造事物，因为他们能凭想象来创造，正如胡伊青伽所说："童年的恐惧、单纯的快乐、神秘的幻想，以及神圣的敬畏，都不可分割地融汇到这种面具与乔装的奇事之中去了。"

自由是幼儿的本性。他们天生具有吸收性心智，他们的发展具有阶段性。幼儿的选择应该是在他们已有认识经验基础上进行的自主规划、自由思考、自由表达、自由创造。他们通过理性的方式而非情绪化的方式一点点体验到"负责任的自由"和应用其作为权利的自由。他们是在爱自由的活动中自由发展的。

幼儿天然有想象、创造、自由、愉悦、体验等游戏精神。因此，我们以游戏精神引领幼儿生活。从游戏精神的具体内涵来说，以往研究大多将游戏精神的具体意蕴概括为"自由""愉悦""体验""创造"等几大主题，而高洁认为游戏精神的内涵包括"自由性""愉悦性""体验性""创造性"四个方面。

我们更倾向于游戏精神是个体在游戏中表现出来的积极品质，包括五个方面（用思维导图的方式做）：个体在游戏过程中的乐观与幽默，个体在游戏中的自主成长，个体对规则的尊重和自觉遵守，个体在游戏中所秉持的注重过程的开放心态，个体在游戏中敢于创造和突破的革新意识。同时，我们试图在此基础上追寻游戏精神与幼儿生命成长的关系。游戏精神一方面表现着游戏者的自我约束和自我突破，另一方面彰显着游戏者的自我释放与享受。

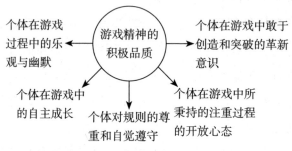

**图1-1 游戏精神的积极品质**

观点1：幼儿将以想象、体验、幽默、移情等为依托的游戏精神始终贯穿其中。研究表明，游戏精神也是幼儿审美的存在方式，游戏精神即幼儿的审美精神。

观点2：游戏精神有着丰富的面貌和形态，并不仅仅体现在表层的动感、喧闹、搞笑、好玩、愉悦上，深层次的游戏精神指向更丰富、完满的人生经验和情感，闪烁着智性的光芒，引领幼儿精神成长走向健康、和谐，指向人格的完满、和谐。深层的游戏精神对幼儿审美感情的拓展和深化、审美感觉的锐化以及审美素养的提升都有着重要的意义。

**（六）教师观**

教师是一名及时的引导者：根据幼儿需要给予及时的支持和指导。

教师是一名全方位的组织者：如安排合理的作息时间、餐点营养均衡、教室环境布置与课程安排等。组织者的工作既体现了有序的纪律性，又体现了从幼儿需要出发的自由性。

教师是具有联结能力的人，我们应支持教师遵循自身认同和自身完整的探索，帮助他们通过自由教育思想寻找与自己的本性更加契合的教学方式并使其走向完整。

## 四、自由教育的思想体系

**（一）教育理念：自在探索由性而发**

人的发展的根本依据或内在原因在于人自身。任何教育都应当遵循人的天性。幼儿教育应当尊重幼儿，应当尊重和遵循幼儿天性所体现的自然意志。

**（二）办园目标：办一所"会呼吸"的幼儿园**

**1. 支持**

从标识上给幼儿留出自在的空间，从空间上给幼儿预留或创设一个适宜他们群居或独处的空间，从课程上去发现适宜其发展的活动，并支持他们将活动继续下去。

**2. 自在**

幼儿在幼儿园能够主动地参与各种身体活动，对周围的环境有活跃的想象力，在认知活动中有自己的审美情感，能够充分地与人、事、物进行交往和合作，能够对周围环境或物品及活动进行自主创意、改造，具有丰富的心灵表达的行为。

**3. 成长**

我们的价值期待就是为幼儿享有思考的自由、心灵的自由、行动的自由奠基。

### （三）培养目标：育有游戏精神的幼儿

有游戏精神的幼儿有身体活动的主动性、认知活动的诗意性、想象活动的活跃性、社会交往的积极性、合作意识的充分性、创意思维的自由性、个人意志的自主性、心灵表达的丰富性。

### （四）办园特色：艺术教育

世界不存在唯一的正确模式，以不同方式看待世界，得到的影像是不同的。当今教育改革研究的内容就是培养人的素养，而艺术教育的根本意义不在于艺术，而在于人的素养，即使所有的幼儿解放天性、建立自信、完善气质、规范谈吐、开阔视野、增长见识、丰富阅历，使幼儿对艺术的见解力得到提高，增强艺术修养，以及锻炼表演的胆量。要提升幼儿的心性，就要使幼儿学会欣赏，包括对美好事物和人的理解。

表演艺术——音乐演奏、演唱、舞台音乐剧、朗诵、人体动作、表情塑造等（舞蹈室的表演、身体动作的造型）。

造型艺术——建筑、泥塑、绘画、书法、纸艺、木工等。

### （五）文化表达

图1-2　幼儿园标志

该标识由色块"随意"拼合而成。似像非像的调色盘、脚印与彩色石头，其自由与开放的设计为我们提供了空间的无限想象的延展，与我们的自由教育理念一脉相承。

秉承自由的教育理念，此标志为开放式设计，不仅标志组合延展具有可变性，在VI系统里也蕴含着自由与开放的设计元素。辅助图形里，通过点线面的基础平面构成元素，延展出一套偏孟菲斯风格的辅助设计，这是对传统的突破与自由个性的展现。

　　标志形象的非定式，表达每个个体的独特形象，散落的字母按照一定规则串起来就是"广福"。整个标识彰显着自由和规则共存。色块代表着自由与无限，字母则代表着一种规则之下的自由的生命。同时，字母也是整个标志演变延伸组合中不变的视觉核心，是每一个独特名字最基本的识别和传播介质。

# 游戏精神下的教育实践

四川省蓬溪县广福幼儿园　王欣悦　刘　欣

## 一、课程

### （一）课程建构

**1. 课程理念与目标**

课程是幼儿自我经历、自在成长的"跑道"，是通往他们精神家园的"自由之旅"，是让每一个幼儿从现在走向未来的幸福通道。

表1-1　课程类型和目标

| 课程类型 | 关键词 | 目标 |
|---|---|---|
| 主题整合活动 | 经验模式整合<br>主题模式整合<br>项目活动模式整合 | 各领域内容相互渗透，从不同的角度去促进幼儿情感、态度、能力、知识、技能等方面的发展。通过若干项目的学习，使幼儿学会以各种不同的方式去理解和看待事物，去有效地参与各种"会话" |
| 幼儿社会性情绪情感活动 | 情绪能力<br>良好关系 | 以"了解自己、自我管理、了解别人、人际技能"四要素为主线，提高幼儿社会情绪情感技能 |
| 社会性游戏 | 符号思维<br>角色扮演、以物代物、动作与情景的想象、社会性交往、言语交流 | 为幼儿提供模仿、再现社交活动的机会，锻炼他们的社交能力，让他们充分自由地发挥自己的创造力和想象力，以缓解压抑和焦虑，宣泄情感，这有利于幼儿的身心健康发展 |
| 动作游戏 | 运动和协调<br>身体和心理<br>自我保护 | 有准备的自由的环境中，使身体各部位得到充分的发展，同时因为使用身体的部位而感到快乐，使运动成为终身热爱的游戏 |

续表

| 课程类型 | 关键词 | 目标 |
|---|---|---|
| 玩物游戏 | 动作技能<br>动作思维 | 最大限度地支持和满足幼儿通过直接感知、实际操作和亲身体验获取经验 |
| 造型艺术活动 | 审美能力、审美乐趣、审美享受 | 运用墨、绢、布、纸、纸浆、纸箱、玻璃、金属等，创造可视、静态视觉艺术。丰富审美经验，促进幼儿审美心理的发展与提高审美素养 |

## 2. 课程框架与结构

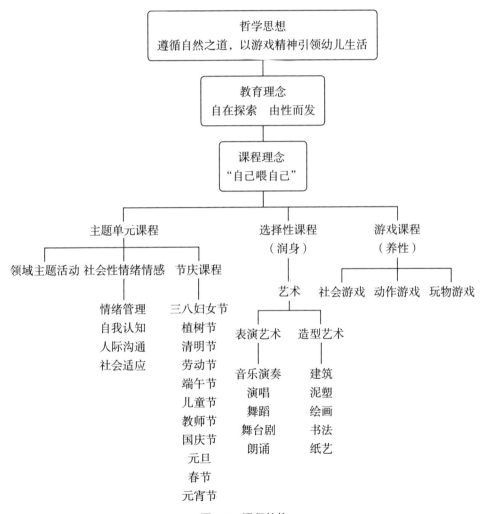

**图1-3　课程结构**

课程规划过程中应反复问自己：这样的规划有没有证据和理由支撑？这个理由/逻辑是否能够推出结论？这里面隐藏了自由教育怎样的价值观假设？其中的证据/事实是否能有效支撑理由？是否存在隐藏或模糊的证据/事实？

**（二）课程内容与组织**

**1. 基础性课程**

根据教育部印发的《纲要》中五大领域（健康、语言、社会、科学、艺术）经验群为主体的方式进行整合的课程，以体验性、想象性、游戏性、创造性为特点，注重幼儿学习经验的获得，从不同的角度促进幼儿情感、态度、能力、知识、技能等方面的发展。

例如，小班的课程"嗨，你好""动物朋友"等；中班的课程"最棒的我""拜访大树""走进纸王国""浓情端午，'粽'情欢笑""海陆空出动""快乐工作达人""虫虫，虫虫飞"等；大班的课程"符号会说话""红红的新年""牙齿咔咔咔""大班的我""买卖小高手""再见幼儿园"等，从整合课程教材到结合自己园所的实际情况，创生了自己的园本整合课程。

基础性课程中，在活动种类上，我们从高控制型转变为自主活动；在活动结构上，重视活动中的四个环节——事前计划、自主行动、成人支持、幼儿总结反思；在课程实施上，对规则、自控、反思重视；在师幼互动中构建自主支持关系。

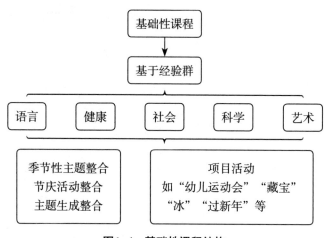

**图1-4　基础性课程结构**

## 2. 书法艺术审美课程

表1-2　书法艺术审美课程要素

| 目标 | 在墨与线条的形态、事物背后的自然法则、线条的风格及意趣的活动中促进幼儿内在的审美发展 |
|---|---|
| 价值取向 | 完善幼儿审美心理结构，使幼儿获得审美能力和审美乐趣 |
| 内容 | 墨色：墨色，流动，附着性地创造出的审美意象美。墨色的形态在外部的作用下展现出浓淡、枯润等意象。事物背后的自然法则：墨所呈现的外部样态与其他事物之间的联系；墨在宣纸、水中的扩散程度、速度，墨的浓淡与形成图案的审美关系；外在因素对墨的审美意象的影响等。<br>线条：不同物体给人的线条感、同一材料，不同方法产生的线条等；线条的审美意象与审美情趣（运动感、力度感、情绪等）；线条的不同风格表达着不同的意趣（性格、环境、情绪等） |
| 方式 | 1. 从书法的基本元素——墨色与线条切入；<br>2. 多种形态的书法工具：引导幼儿感受墨色流动、变化及不同线条的风格、意趣所形成的意象；<br>3. 丰富的墨与水的样态：通过控制墨与水的量，习得对墨的调制与处理能力；<br>4. 不同质态的书法载体：以不同的载体所呈现出不同形态的线条的意象美，引发幼儿对事物内在联系的理性及感性认知 |

表1-3　幼儿书法艺术教育的关键经验

| | | |
|---|---|---|
| 墨色 | 小班 | 1. 感知墨色、流动、附着的特性；<br>2. 通过肢体介入让墨发生变化，能够用身体创造出丰富的墨色意象 |
| | 中班 | 墨色的形态在外部的作用下会发生变化：<br>1. 墨具有浓淡、枯润等特征，其形态在外部作用下会发生变化；<br>2. 相同中介物的不同操作方法所形成的墨色意象有变化 |
| | 大班 | 事物背后的自然法则：墨所呈现的外部样态与其他事物之间的联系。<br>1. 墨的浓淡导致其在宣纸、水中的扩散程度、速度不同；<br>2. 墨的浓淡与形成图案的清晰度有关；<br>3. 墨的浓淡程度与宣纸的不同类型有关；<br>4. 用笔的姿态（力度、角度）决定着墨色的变化 |
| 线条 | 小班 | 线条意识：感受线条，形成初步的线条意识 |

| 线条 | 中班 | 线条感知：用各种材质的书写替代物画图、涂写和塑造线条；<br>1. 不同物体给人的线条感不同（软、硬）；<br>2. 同一材料，不同方法产生不同线条；<br>3. 运用不同物体创造线条，对线条感兴趣 |
|------|------|------|
|      | 大班 | 文字意趣：感受文字的审美意象与审美情趣（即：运动感、力度感、情绪等）<br>1. 线条的不同风格表达着不同的意趣（性格、环境、情绪等）；<br>2. 不同的用笔方法（力度、方向）决定着线条形态的变化；<br>3. 不同的书写载体影响线条的呈现样态 |

表1-4　墨色主题

| 小班 | 主题一：墨戏<br>1. 初步感知的色彩、流动、附着的特性；<br>2. 感受墨的喷洒、流动等奇妙的动态变化；<br>3. 对墨有接纳意愿，领略操纵事物的快感 |
|------|------|
|      | 主题二：让墨跟我走<br>1. 进一步感知墨的附着性；<br>2. 能够用肢体创造出丰富的墨色意象；<br>3. 能按照自己的想法涂鸦 |
|      | 主题三：让墨变个样<br>1. 通过带有图案的中介物改变墨的存在方式；<br>2. 能对自己有把握的事情和改变周围事物的活动产生兴趣 |
| 中班 | 主题一：神奇的墨<br>1. 幼儿通过墨色声效视频，感知墨色的浸润、晕染、交融等的动态美；<br>2. 能用多种表征方式表达自己对不同形态的墨色感受；<br>3. 愿意创作带有美感的墨色作品，有创作作品的欲望 |
|      | 主题二：随物赋形<br>1. 感知墨是没有形状的，可随物体形状发生变化；<br>2. 能用不同的物体改变墨的外形；<br>3. 对墨的多种变化形态产生兴趣，愿意寻找不同方式的保留作品 |
|      | 主题三：墨色涂鸦（一）<br>1. 知道不同工具会形成不同的墨色意象；<br>2. 能借助不同工具创造丰富的墨色；<br>3. 对创作感兴趣，愿意与同伴分享，有成就感 |

续表

| 中班 | 主题四：墨色涂鸦（二）<br>1. 感知不同疏密、力度的墨色作品带来的审美体验；<br>2. 会用同一物体创作出力度、疏密不同的墨色作品；<br>3. 对不同风格的墨色意象产生兴趣 |
|---|---|
| | 主题五：墨色涂鸦（三）<br>1. 知道墨色有深浅之分；<br>2. 能创作出表现墨色深浅变化的墨色作品；<br>3. 对深浅变化产生辨识和审美的倾向 |
| 大班 | 主题一：不一样的墨色（一）<br>1. 知道墨的浓淡与水量有关；<br>2. 能通过水量的控制制造出不同浓淡的墨；<br>3. 愿意参与墨色创意活动，对有层次的墨色作品产生审美兴趣 |
| | 主题二：不一样的墨色（二）<br>1. 知道墨的浸润速度、程度与纸的类型有关；<br>2. 感知墨在不同纸上有不同浸润的速度，并描述相关现象；<br>3. 对浸润所形成的墨色产生审美兴趣 |
| | 主题三：不一样的墨色（三）<br>1. 知道墨有枯润的特性；<br>2. 用创作工具从不同角度创作出枯润不同的作品；<br>3. 对枯润程度不同的墨色作品产生审美情绪 |
| | 主题四：不一样的墨色（四）<br>1. 知道墨在水中会发生扩散与交融；<br>2. 捕捉墨与水扩散、交融时的艺术变化，用不同表征表达对水墨扩散交融之美的感受；<br>3. 对墨的多种形态感兴趣 |

### 表1-5　线条主题

| 小班 | 主题一：小手滑一滑<br>通过对凹凸感线条的触摸形成初步的线条意识 |
|---|---|
| 中班 | 主题一：各种各样的线<br>1. 感知线条的多元，知道不同材料给人不同的线条感；<br>2. 能够在材料与书法作品的线条间找到相似感（对照、类比）；<br>3. 对各种创意线条感兴趣 |

| | |
|---|---|
| 中班 | **主题二：线条魔法师（一）**<br>1. 知道线条的多种形态；<br>2. 借助不同材料进行线条创意，用多种方式表达感受与理解；<br>3. 从自我创意活动中体会满足感 |
| | **主题三：线条魔法师（二）**<br>1. 会用毛笔创造不同线条；<br>2. 用多种方式表达对作品的感受与理解；<br>3. 从自我创意活动中体会满足感 |
| 大班 | **主题一：仓颉造字**<br>1. 知道汉字最早产生的缘由及方式；<br>2. 有了解更多文字符号的欲望 |
| | **主题二：文字的记录**<br>1. 了解文字记录方式的发展及多样化；<br>2. 在不同载体上进行记录；<br>3. 愿意生成更多的记录与表达方式 |
| | **主题三：各种各样的字**<br>1. 知道文字种类的多样性及表现形态；<br>2. 对文字的不同风格有自我的认识与表达；<br>3. 愿意寻找人类历史留存下的多种文字符号 |
| | **主题四：文房四宝**<br>1. 了解文房四宝的基本特征及功能；<br>2. 学习使用文房四宝；<br>3. 对传统的书写工具感兴趣 |
| | **主题五：美妙的书体**<br>1. 感受常见书体的形态，知道它们的名称；<br>2. 能用多种方式表达自己对美的体验；<br>3. 对书法活动萌发兴趣 |
| | **主题六：书法背后的故事**<br>1. 知道不同风格的线条表达不同的意趣；<br>2. 从书法作品中想象作者当时的书写情绪；<br>3. 愿意表达自己的喜好及情绪 |

续表

| 大班 | 主题七：我的书法作品会说话<br>1.借助书法创作表达自己的情感；<br>2.学习理解同伴的作品并愿意与人分享 |
| --- | --- |
| | 主题八：巧手妙笔<br>1.了解不同的用笔方法（力度、方向）与线条形态变化的关系；<br>2.尝试用不同的用笔方法（力度、方向）创造多种线条形态；<br>3.对不同文字形态的意趣产生兴趣 |
| | 主题九：书法盛物器<br>1.了解书法载体的多样化；<br>2.知道不同的书法载体影响着线条的呈现样态；<br>3.对书法活动感兴趣 |

### 3. 幼儿社会情感课程

学前幼儿的社会性和情绪能力与他们的入学准备和学校适应呈显著正相关。具备社会性和情绪能力的学前幼儿能够更好地投入于学习任务中，并更易于与同伴和成人建立良好的关系。

#### 表1-6　社会情感学习的内容要素

| 了解自我 | 1.对自我情绪状态的了解和觉察；<br>2.对自我的准确评价；<br>3.自尊、果敢、自信；<br>4.团体归属感 |
| --- | --- |
| 自我管理 | 1.自我控制（抑制冲动、稳定性、计划性、灵活性和适应性）抑制冲动——稳定性（抵制诱惑、延迟满足）——计划性（制订和完成行为计划）——灵活性和适应性（情景）；<br>2.独立性和主动性：独立性更侧重于独立去实现（送信）一些功能，遇事有主见，有成就动机，不依赖他人就能独立处理事情，而主动性主要表现为做事情之前主动思考需要做些什么；<br>3.承受压力和挫折：压力产生的身心历程是压力的来源——威胁的知觉——焦虑的反应；<br>4.乐观的心智模式；<br>5.安全意识、对行动的现实后果的考虑；<br>6.规则意识、善恶是非观念 |

| 了解别人 | 1. 接纳别人的不同习惯，接纳差异，尊重差异；<br>2. 观点采择和迁移，了解别人行为的动机或解释别人行为的原因，预测别人的行为；<br>3. 为别人服务的倾向；<br>4. 集体观念，追求共同的快乐 |
|---|---|
| 人际技能 | 1. 沟通的能力；<br>2. 影响力和领导力；<br>3. 解决冲突的能力；<br>4. 亲社会行为；<br>5. 寻求帮助的能力 |

表1-7　各年龄段典型经验

| 了解自我 | | |
|---|---|---|
| 自我<br>情绪状态 | 小班：准确地辨识自己的情绪，或通过他人的表情、语音语调、肢体语言等信息判断他人情绪（情绪识别）；<br>中班：能够解释自己或他人情绪产生的原因，或根据事情经过、环境、时间等情境线索或他人的习惯、性格等个人线索推测他人情绪（情绪理解）；<br>大班：通过表情、肢体语言、语音语调、情绪词汇等方式，将自己的情绪传递给他人（情绪理解）。其包括对自己情绪感受在内容和程度上的监控、评估与调整的关键经验；也包括对自己情绪表达的调控（情绪调控） | |
| 自我认知 | 小班：以他们长什么样为基础来了解；<br>中班：通过比较自己和他人来评价自己；<br>大班：以他人的个性特点为基础来评价自己（了解自己——优缺点、成长经历），喜欢自己，能正确看待自己 | |
| 自尊自信 | 小班：能够大胆地参加各种活动；<br>中班：相信自己能做好力所能及的事，并能从中感受到快乐、满足；<br>大班：能运用适当的方式向他人表达自己的想法 | |
| 团体归属感 | 相互接纳 | 小班：环境相对稳定；满足幼儿对亲肤感的需求；<br>中班：接纳别人的不同，认知别人的特点；<br>大班：了解自己与他人的不同，树立自信心；发现同伴的优点并能用适当的语言表达出来；学习帮助同伴 |

续表

| 了解自我 | | |
|---|---|---|
| 团体归属感 | 实现价值 | 小班：自己的事情自己做；<br>中班：做好自己的事情，关心班级的事情；<br>大班：充分去想、去做、去尝试 |
| | 集体适应 | 小班：知道基本的集体生活规则（认识我的班、我的物品等）；<br>中班：理解规则的意义，增强遵守规则的自觉性；<br>大班：共同制定规则、遵守规则 |
| | 集体意识 | 小班：参与各种活动，体验一起活动的快乐；<br>中班：建立班级意识；参与班级各项活动，做班级的小主人；<br>大班：强调集体荣誉，体验分工合作 |
| 自我管理 | | |
| 自我控制 | 自制能力 | 不受外界因素的影响和干扰，控制自己短期的欲望和言行的能力 |
| | 坚持性 | 不怕挫折、失败，克服困难，坚持到底的意志品质。在一段时间内维持某种感到厌烦的活动或抵制某种有诱惑力的事物的吸引 |
| | 自觉性 | 在无人监督的情况下，表现出与看护人期望相一致的动机及相应的行为 |
| | 自我延迟满足 | 为了更有价值的长远结果而放弃即时满足的选择取向，以及在等待中展示的自我控制能力 |
| 独立性和主动性 | 功能性独立 | 有能力照顾自己，满足自己的需求。（能够自己进食，给自己穿衣服，能够适应环境） |
| | 情感独立 | 无论发生什么事情，身心都能保持平和和平衡 |
| | 智力独立 | 独立地选择和做决定，有自己的看法，会从多种角度思考问题，有自己的愿望 |
| 承受压力和挫折 | 破除依赖性；有面对挫折的心理承受能力，愿意去完成一些有难度的任务；面对困难，不放弃，相信自己一定能做好 | |
| 乐观的心智模式 | 遇到困难懂得积极寻找办法解决，能够从不同的角度看到困难另外一面的意义的内容，不受环境的影响，保持快乐的心境 | |

| 了解别人 | |
|---|---|
| 接纳别人 | 小班：接纳不同的个体；<br>中班：可以热心帮助别人，但是不能将自己的意愿强加于别人；<br>大班：尊重个别差异，接纳与包容和自己不同的生命 |
| 观点采择<br>和移情 | 小班：认识事物之间的客观因果联系；<br>中班：学会从他人的角度看待问题；学会从客观的角度看待问题；<br>大班：学会同时从自我和他人两个角度考虑问题。认识到事件的某些特点会在不同背景下发生变化 |
| 为别人服务 | 认识到为别人服务会让自己很受别人欢迎，自己也会很开心，会得到很多机会 |
| 追求共同快乐 | 愿意自觉地按照集体规范要求自己，愿意与集体一起活动，有责任感、荣誉感和自豪感 |

**4. 游戏课程**

游戏不仅仅是观察和了解幼儿发展的窗口和途径，也是可以创造幼儿发展的情景。幼儿在游戏中形成和发展着他们的社会性关系，创造着他们自己的社会性生活。游戏不仅构成了幼儿的社会和生活，游戏和游戏所需的技能也是通向人类文化和表征世界的途径。我们为幼儿们创造了丰富的游戏可能。

**表1-8　游戏课程分区情况**

| 搭建区 | 积木房、拼装区、塑料积木区、纸箱区 | | |
|---|---|---|---|
| 自然博物区 | 植物区、动物区、气象区、种养区 | | |
| 数学感知区 | 时间区 | 运算区 | 分类区 |
| | 规律排序区 | 测量统计区<br>几何图形区 | 数量感知区<br>空间感知区 |
| 益智区 | 棋艺区、拼图区、迷宫区、串珠区 | | |
| 美术区 | 写生区、涂鸦区、美工区 | | |
| 科学探究区 | 数学区、动力区、科学制作区、力学区 | | |
| 户外游戏区 | 钻爬区、沙水区、攀爬区、器械自选区、投掷区、排球区、跳跃区 | | |

续表

| | |
|---|---|
| 音乐区 | 演唱区、试听区、节奏区、乐器制作区、乐谱创编区、演奏区 |
| 表演区 | 亲子剧场、时装秀、角色扮演 |
| 护理区 | 化妆区、美发区、美容区 |
| 语言区 | 阅读角、绘本表演区 |

## （三）课程实施

### 1. 项目化活动

优质教学的原则是建立真正的动态的共同体。自由教育秉承的是幼儿自由学习，自由发展。在这个理念之下幼儿一定不是被强迫的，而是"自己喂饱自己"。通过若干项目的学习，引导幼儿熟悉和掌握人们理解和探索经验的各种基本方式，从而使幼儿学会以各种不同的方式去理解和看待事物，去有效地参与各种"会话"。对以问题为导向的项目活动的方式进行整合，引导幼儿共同专注于一个比他们的经验和自我世界更大的事物——教师营造的一个幼儿与事物及彼此对话的空间。观察方面、直觉方面、实验方面等有自己特点的幼儿，各自带着问题去探索，通过这样的方法，在很短的时间内获得的信息可能比我们大多数人花较长时间能获得的信息还要多。无论多久，他们总会回到项目的中心，带回帮助他们了解项目的新事实和经验。

### 活动1："幼儿运动会"

幼儿在了解什么是运动会的过程中，丰富了对运动会的认知，在讨论怎样选取运动会项目，怎样报名，怎样比赛，比赛需要什么，号码牌怎样制作，比赛规则是怎样的过程中，不断迁移生活经验与创新想法，获得新的经验。在来来回回的讨论中，幼儿思维不断碰撞，提出解决问题的办法，他们的思维能力、语言表达能力在不断增强。在讨论活动中，幼儿能采择好的观点，接受自己的项目、想法被否定这一事实，接受别人好的想法，使社会性、人际交往能力不断增强。

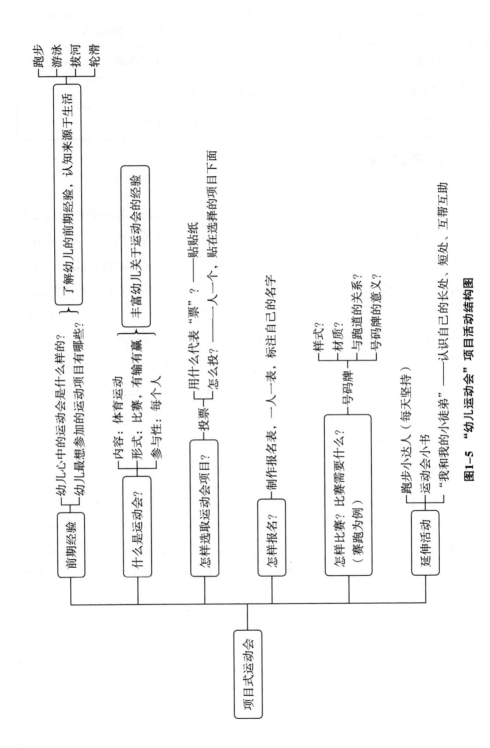

图1-5 "幼儿运动会"项目活动结构图

**活动2："寻宝"**

该活动因其不确定性，对幼儿来说充满了挑战。我们运用项目化教学的方式，设置了不同层级水平的"藏与寻"，通过制造麻烦，制造梯度对幼儿的思维进行挑战，让幼儿感受到幼儿园生活的乐趣。

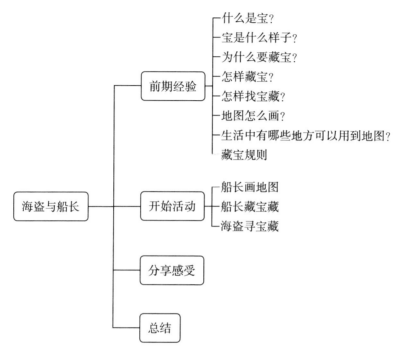

图1-6　大班寻宝"海盗与船长"项目活动结构图

表1-9　"寻宝"关键经验分享

| 班级 | 关键经验 | 案例分享 |
|------|----------|----------|
| 小班 | 1. 熟悉幼儿园的环境，听指令（方位词等）找到宝藏，对活动有兴趣；<br>2. 会用"我在……找到……"的句式进行表达；<br>3. 培养初步的合作意识（遇到困难会向他人寻求帮助）与不放弃的学习品质 | 许愿的力量 |
| 中班 | 1. 了解藏与寻的特点（标记、遮挡物等）；<br>2. 让幼儿体验藏与寻的乐趣； | 我想交朋友 |

| 班级 | 关键经验 | 案例分享 |
|------|---------|---------|
| 中班 | 3. 学习用符号进行标注，并能用语言表达对藏与寻的特点的认识；<br>4. 增进交往的愿望，学会合作与做事的坚持性 | 我想交朋友 |
| 大班 | 1. 会用简单的符号清晰地绘制地图（藏宝地图、家与幼儿园之间的地图等）；<br>2. 能够看多种指示标志，且能够用较生动的语言向同伴表达找到"宝藏"的经验；<br>3. 愿意与同伴合作看地图寻找礼物，从而培养独立或合作解决问题的能力 | 船长与海盗 |

**活动3：园徽变变变**

方式：延展、重构、创造。

荣格说过："一个符号一旦达到能清晰地解释的程度，其魔力就会消失。"符号表达了节奏、韵律与感受，这种用"一个符号代替另一个符号"的学习过程是一种诗化的学习。幼儿从中获取它们的"意味"，那是游戏的乐趣。快乐的想象是想象每个物象的心情和举动，把自己的生活全部融入进去，想象它们并陶醉在幻想中。我们不以符号的权威去压制，允许并接受幼儿对事物的理解和思考。我园开展对园徽再认知、再想象、再创造、再设计的活动，旨在发展幼儿的理性精神（理解和重构），从中可以看见幼儿思维的变化与成长，也是对我园课程效度的检测。幼儿入园初对园徽有表达，以后每学年随着经验的丰富对园徽再次形成新表达。

**活动4：角色扮演**

每个幼儿心中都有一个梦，梦想自己成为一个具有某种精神特质的人，如一位温柔的小公主、一位勇敢的小王子，优美地舞蹈着、跳跃着，梦想自己变成了正义的蜘蛛侠，勇敢战胜邪恶……

我们也总结出在项目式活动中教师需要遵循学习共同体的四个原则：第一，提出问题；第二，把对话的元素聚集起来并使其连贯一体；第三，筑起通向下一个主题的桥梁；第四，用共同体的方法去达成。

## 2. 幼儿社会情感学习课程

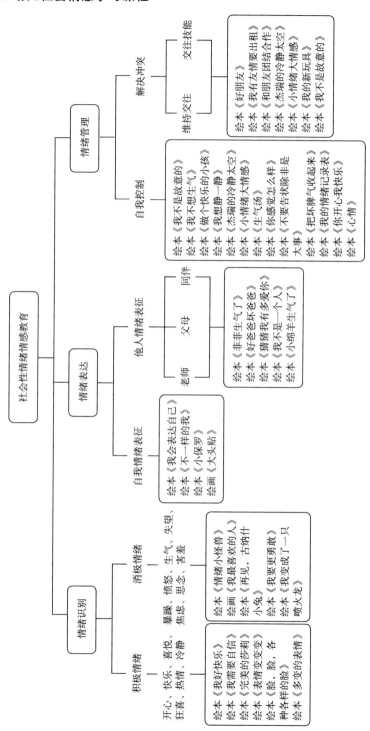

图1-7　社会情感教育课程

形式：讨论、讲授、故事、绘画、歌曲、视频、角色扮演、运动艺术项目等。

## 二、环境创设

我们的教育很多时候发生在"脖子以上"，没有任何情感卷入，也没有任何深刻的意义，它与整体的人没有任何关系。

### （一）空间的自由体现

空间应具有角色化演绎、故事化表达、场景化呈现、趣味化展示的属性。

它有六个方式：

第一，以自然的方式呈现给幼儿，让幼儿感觉舒适自由；

第二，要有秩序感，在结构和顺序中培养幼儿对规律的理解；

第三，三个满足，即支持自主、胜任、关联的环境。德西和瑞安提出了人类自我决定行为的动机过程理论，他们认为社会环境可以通过支持自主、胜任、关联三种基本心理需要的满足来增强人类的内部动机，促进外部动机的内化，保证人类健康成长。当一个人的三个需求被满足的时候，他就会很投入。投入的时候，幼儿的心智模式是最优化的，大脑的效率是最高的，成长是最多的，收获是最大的，而且这个时候即使很忙也会感觉很幸福；

第四，幸福空间形象。童年肯定不只是实在的东西。我们要建立一种指向"幸福空间"的形象、指向诗意的"想象"或"梦想"的"想象的空间"，催生我们的美好联想和梦想，包括审美意识；

第五，三个价值：空间的人性价值——抵御敌对力量、战胜恐惧、拔高勇气的保护者的角色。给幼儿的空间是盔甲做的外套，又能无尽延展，即幼儿在其中交替地生活在安全和冒险之中，有张力。建造一个可以产生原始性梦想的地方，如小屋、鸟巢、角落，幼儿可以像在洞里的动物一样蜷缩、藏宝，感觉世界很有趣，有很多种可能。生活在人类形象之外，即从内心来说，每个人都希望生活在别处（一个不同于平常生活的地方），远离拥挤（也指一种关系、一种空间）的家宅，远离闹市的烦扰。空间在千万个洞里保存着压缩的时间——幼儿的所有时间、经历、想象都在这里安放。这些不起眼的小木屋有着"壳"的价值，就是幼儿幼年时获得的关于给人安慰的空间的经验。这种空间不需要扩大，但它特别需要被占有，既小又大，既热又冷，永远给人安慰。自由教育理念下的园所设计遵守第三空间的理念，不论是对幼儿还是教师而言都能够吸引他们愿意待在这里，爱就是从这里开始的。幼儿和教师来到这里追求的是一种体验，包括情感化、审美等。从色彩到材质，再到音乐等，应别具匠心。

第六，提供社会关系，让幼儿从一开始就熟悉并乐意与其他人建立联系，在交往的过程中彼此学习，从而理解他人、完善自我。

### （二）故事化表达

你到这里来，我有故事说给你听，你也有故事在这里发生（老师、幼儿、家长）。善于讲故事——讲故事比赛、在幼儿园里发生的故事——教师和家长、幼儿；包括成长的故事、教育故事。

我们的空间既是有界限的又是开放的；既有令人愉快又有紧张的气氛；既鼓励个人表达意见，也欢迎团体提出意见；既尊重幼儿琐碎的"小故事"，也重视传统与纪律的"大故事"；既支持独处又随时有群体的资源支持。沉默和争论并存。

# 02

## 第二篇

## 理论提升

# 以幼儿的视角重构教师"游戏者身份"

三台县潼川第二幼儿园　章　敏

幼儿的视角指幼儿自己的视角，幼儿自己的体验、感受和对周围世界的理解。幼儿视角则完全是另一个层面的意思，即成人由内而外地关注幼儿的所见、所闻、所想、所为，极力去理解幼儿的视角。因此，自"幼儿的视角"或拥有"幼儿视角"都是指成人在做一些可能涉及幼儿的思考、决定、行动时，能站在幼儿的立场，考虑幼儿的想法，从保护幼儿权利的角度出发，尊重幼儿。这是幼儿教师教学过程中应放在首位的视角。

《纲要》中明确提出：幼儿园应以游戏为基本活动。那么，作为基本活动的组织者，幼儿教师到底应该怎么做，才能与幼儿同欢笑、共成长呢？笔者认为，用"幼儿们需要"的身份去参与游戏，做他们的脚手架。这样，幼儿们不仅能主动跳起来"摘果子"，还可以摘到有一定高度的"果子"。

## 一、从"幼儿视角"了解幼儿，为教师融入游戏奠定基础

### （一）"幼儿视角"中幼儿的具体表征

以幼儿的视角重构教师"游戏者身份"，先得明白，幼儿的视角是怎样的，要了解幼儿的视角，就得明白我们的幼儿有什么。

比如，发生在种植区里的故事：

昊昊在刨土的时候发现了一只蚯蚓，几个幼儿迅速聚拢。老师其实也看到异常，但她装作没看见，继续和其他幼儿一道拔草。这时有小朋友告诉老师："老师，昊昊挖出了蚯蚓。"老师装着没听见，继续拔草。又有幼儿挖出

蚯蚓。彬彬忍不住把快爬出包围圈的蚯蚓抓在手上，她发现蚯蚓又滑又软，大家的兴趣开始浓厚，参与的人也越来越多。另一个幼儿跑来找老师："老师，我发现蚯蚓没有眼睛，身上是滑溜溜的。"老师说了一句："哦，你说的很对！"继续拔草。幼儿们继续玩蚯蚓。时间继续溜走，有小朋友来找老师告状："老师，彬彬摸了蚯蚓后舔手，她还说蚯蚓有点咸。"老师说："呀，彬彬不讲卫生，但她比老师勇敢。"幼儿们继续玩蚯蚓，边玩边讨论，这时候，一个男孩跑到老师的身边大叫："老师，你来看，好奇怪哦，我不小心把这只蚯蚓扯断了，它没死，两截都还是活的。"老师听了，马上给他敬了一个礼说："哇！真的，我都没发现！"而后，老师也来到幼儿们身边陪他们继续玩蚯蚓，所有幼儿都对蚯蚓的没有眼睛、身体柔软无骨、体表有黏液以及可以再生等特征掌握得一清二楚。

从这个案例我们可以看出，不管我们教不教，引不引导，幼儿们天生就有好奇心、求知欲、自主性、能动性、创造性等，如果我们只用成人的视角去教幼儿，就无法体察幼儿们内心的想法，我们的教育对于幼儿们来说就是空谈，就没有办法实现维果茨基所说的"幼儿的大纲"。所以，作为一名幼儿教师，我们所要做的就是尊重幼儿的本性，从幼儿的视角去观察、了解世界，这也是我们幼儿教师必须遵循的教育原则。

**（二）非"幼儿视角"对幼儿造成的伤害**

一个年轻的母亲带五岁的女儿去参加朋友的生日派对，她兴高采烈地领着女儿在人群中走动，以为女儿会很开心。没想到，女儿一点也不配合，母亲多次哄逗，女儿干脆坐在地上大哭起来，鞋也甩掉了。母亲很生气，一番训斥指责后，才蹲下去给女儿穿鞋。蹲下去的刹那，她惊呆了：眼前晃动的全是大腿，而不是刚才看到的笑脸、美食和鲜花。她这才明白女儿为什么不高兴——她蹲下去的视角，正是女儿的视角。

应该说，很大层面上，我们的老师和家长因为"想当然"破坏了一代又一代幼儿的美好童年。我们在"不输在起跑线上"的口号中疲于应对，用自认为"最好"的方式去陪伴幼儿，压根就没有达到真正意义的"与幼儿同欢笑、共成长"。所以曾经很长一段时间，我们的幼儿在一定程度上思维是被禁锢的，动手能力是被制约的。近年来，华爱华教授，吴忠艺、吕燕等老师都提到了

"游戏者身份重建""游戏者身份重构""游戏者身份认同"等观念，可见幼儿教师"游戏者身份"确实缺失，需要我们在日常工作中进行深刻反思并改进。

### （三）具备"幼儿视角"应该有的教育姿势

多年前，于永正老师提出"教师要蹲下来看幼儿"的观点赢得了一片喝彩。德国幼儿文学作家凯斯特纳也曾说："每个幼儿都是一朵小花，所以，你一定要蹲下身子，才能欣赏他们的摇曳生长。"笔者认为，幼儿园老师更应该如此，不仅仅要"蹲下"，还要抱一抱，用热切的眼光去追随，在观察与倾听中去了解，在等待与陪伴中与幼儿共同生长。苏霍姆林斯基说过这样一句话："只有那些始终不忘记自己也曾是一个幼儿的人，才能成为真正的老师。"用我的话来说就是："当我们与幼儿们在一起的时候，我们就是大幼儿。所有的活动、游戏都是一个大幼儿带着一群小幼儿玩。3岁的幼儿，我们用3岁幼儿的身份去陪伴他们，6岁的幼儿，我们用6岁幼儿思维去与他们相处。"我们都知道对幼儿的观察怎么强调都不过分，而这种观察的最终目的其实就是在理解的基础上让我们"变回"幼儿，与面前的幼儿合二为一，理解他们的愿望、爱好、行动、感受，理解眼下一切对于他们当下生活的意义。

## 二、从"幼儿视角"支持幼儿，为教师深入游戏提供保障

陶行知先生在《师范生的第二变——变个小幼儿》中，这样告诫未来的教师："你不可轻视小幼儿的情感！他给您一块糖吃，是有汽车大王捐助一万万元的慷慨。他做了一个纸鸢飞不上去，是有着齐柏林飞船造不成功一样的踌躇。他失手打破了一个泥娃娃，是有着一个寡妇死了独生子那么悲哀……他想你抱他一会儿而你偏去抱了别的幼儿，好比是一个爱人被人夺了去一般的伤心。"读到这里，相信大家内心都有一种震撼和感动：陶行知之所以成为出色的教育家，与其说是因为他有一颗伟大的爱心，不如说他首先有一颗纯真的童心——"变个小幼儿"。用"小幼儿"的内心想法去认同、共享、回应幼儿们，只要具备这样的"幼儿视角"，就一定会为教师作为游戏者深入游戏提供保障。

### （一）学会认同

著名学前教育家陈鹤琴先生曾说过："小幼儿是生来好动的，是以游戏

为生命的。"幼儿们就是在游戏中、在玩中一天天长大和进步的。如何使游戏真正成为幼儿们自己的游戏，如何在游戏中最大限度地发挥幼儿们的主观能动性，他们玩什么、怎样玩、玩多久等，这都需要我们放开手，给予他们自由发挥潜能的机会。因此，对于幼儿自主生成的活动，我们一定要认同。譬如"买方便面的童童"：发现积木像方便面—放小吃摊买方便面失败—邀请同伴欣悦—欣悦认为需要美化装饰—绘图写字美化—商议出"一包不要钱，两包一块钱"的营销策略—幼儿们受到吆喝吸引来买—都是买的两包。活动中幼儿们都很快乐，他们压根就没管自己的方式有没有问题，因为他们的快乐来自过程，来自自己的劳动得到了认可。这样的活动我们应该支持，如果换作我们成人的思维，就会告诉他们："一包不要钱，两包一块钱你们会亏本的，大家都只要一包你们就没有进账了。"而幼儿们的思维也奇怪，都不要一包不要钱的，而选择要两包给钱的。这就是幼儿们年龄特征导致的思维结果，所以，幼儿们的很多东西我们一定要学会认同。相信随着时间的推移，幼儿们终究会悟出他们需要悟出的道理。

**（二）学会共享**

陶行知先生曾提出："教员所经历之世故人情，足以补幼儿之不足，而幼儿之无量热忱，足以补教员之不足。分则两失，合则两得。"由此看来，让师生在彼此陪伴的过程中"共学、共事、共修养"是何等重要。因此，当我们组织幼儿们活动时，真的参与游戏，放下（成人）身份，让幼儿"逗"我们玩，这样的教育，一定是所有幼儿都深深喜欢并乐于参与的。比如，一个小孩对着另一个小孩说："嘿！我是奥特曼。"另一个多半就会接受信息马上说："哈，我是怪兽。"而后两人就会在那里玩得不亦乐乎。可我们老师一般的反应是："别打架，坐一边去！"其实，活动时不怕不安全，怕的是不可驾驭，如果我们也参与其中，说一句："嘿，我是孙悟空，怪兽和奥特曼都得听我的。"幼儿们马上就接到信息，打斗不打斗不说了，就是叫他们坐一边去，他们也会欣然接受。又如，我们经常会在幼儿园里遇到的这样熟悉的幼儿"逗你玩"场景：老师站在那儿，一个幼儿会忽然拍老师一下，然后看着老师笑，在老师拍拍他之前，他会很有耐心的等待，在老师真的拍拍他时，他就会和老师打闹起来。此时的打闹，是一种社交演练，更是幼儿们喜闻乐见的一种社交游戏。

### （三）学会回应

有效的回应会让教师的"教"更有意义，让幼儿的"学"更有价值。《纲要》明确指出：关注幼儿在活动中的表现和反应，敏感地观察他们的需要，及时以适当的方式应答，形成合作探究式的师幼互动。这里的"关注""观察"就是以幼儿为主体，也就是活动中幼儿一定要在教师的前面，教师呈"旁观者"或"隐身"状态，在幼儿需要时现身回应他们，这样的回应才叫"有效的回应"。譬如一次"玩纸杯"游戏：这天晨间活动，笔者发现丫丫躺在地板上，刚要前去让她起来，却看见几个幼儿拿起纸杯在她的身边摆来摆去，笔者就静静地站在那里观察。不一会儿，幼儿们就沿着丫丫的身体摆了一圈，可是丫丫一动图形就全部破坏了。于是小朋友又叫丫丫躺好，把被弄乱了的图形再摆了一次。然而丫丫一起来还是全部弄乱了，如此反复。旁边的胖胖着急了，说："我们把丫丫拉起来吧。"他们拉手的拉手、拉脚的拉脚、抱头的抱头，反复多次图形依旧还是乱的。下午的区角活动开始后，幼儿们又开始忙碌起来这样玩，摆头、摆身体、摆腿和脚。摆好后你看看我，我看看你。豪豪跑到笔者面前说："老师，你把她抱起来吧！""为什么是我？""你是大人能够抱得动她啊！"当数"1、2、3"抱起来时，看到完整的造型，大家拍着手说"成功啦！"获得成功后，幼儿们兴趣更加高涨，在老师的鼓励下，他们尝试着变换造型，如侧身、盘腿、大字、两个小朋友脚对脚、各种舞蹈动作，那真是千奇百怪。第二天、第三天……一个月过后，幼儿们突然发现，有一个姿势很容易起来，那就是趴在地上，手撑地，弓起身体，不用别人拉就可以自己起来。所以，支持幼儿，不论是在想法、爱好、行动、感受还是时间上，我们只要把幼儿放在前面，观察了解他们，配合、支持他们的要求，一定会惊喜不断。

## 三、自"幼儿视角"体验幼儿，为教师成为玩伴做好支撑

用信任、等待、陪同的方式去体会幼儿在游戏中的不足、试错，以期让游戏真正成为"幼儿的游戏"，为教师成为幼儿的玩伴做好支撑。苏霍姆林斯基说："教育"首先是人学。不了解幼儿，不了解幼儿的智力发展、思维、兴趣、爱好、能力、禀赋、习气，就没有教育。作为一个学前教育者，只有一切从幼儿出发，弯下腰来，蹲下身去，从幼儿视角观察世界，关注幼儿的成长，

从细节入手，从点滴入手，才能做好真正的学前教育。

### （一）学会信任

幼儿的成长，不是一个被成人教育、灌输的过程，而是一个自己探索、自我教育、自我创造的过程，是一个从"尝试"到"创造自我"的过程，所以，要给幼儿游戏自由。我们知道，游戏最大的特点就在于游戏的自由性，没有外在目的限制，幼儿自由自在地在游戏情境中获得积极的情感体验。譬如：这天区角活动时间到了，老师挨着巡视，发现幼儿家里只有两个男孩，一人在厨房一人在地上爬，老师没说任何建议。第二天，老师发现还是那两个小男孩，只是在地上爬的那个幼儿坐在了床上。老师问了问，原来他已经罢工了，在地上爬是好玩，但不能看见高处的东西。瞧，幼儿们自己在玩的过程中是能悟出很多东西的。因此，相信幼儿，多给幼儿机会，无形中其实就在帮助幼儿去思考，而帮助幼儿学会主动思考，主动为自己负责，比直接帮助幼儿解决问题更有效。

### （二）学会等待

用"静待花开"的教育理念去陪伴幼儿的每一步成长，不催促。以往我们总说要做幼儿学习的支持者、引导者、合作者，让幼儿成为活动的主人，可是在落地的过程中，我们又更偏向于成人的视角。喜欢给予幼儿"我们想给的和我们认为幼儿需要的"，而非静下心来思考我们的预设是否是幼儿的真实需求。在《3—6岁幼儿学习与发展指南》（以下简称《指南》）中，我们会发现一些温情而充满关怀的字眼，如科学保教、合理期望、让幼儿度过快乐而有意义的童年等。所以，对于幼儿，我们要学会等待，用"跟着蜗牛去散步"的心境去陪伴幼儿，在活动中回归幼儿园本应具有的淡定与从容，这也是在幼儿成长过程中我们每个幼教工作者都应该时刻注意的问题。因此，学会等待，用游戏者的身份陪着幼儿静静体味生活的滋味，倾听幼儿内心声音的真实回响，给自己留一点时间，给幼儿多一次机会，从没完没了的生活里探出头，这其中所能成就的还有我们自己。

### （三）学会陪同

在幼儿需要的时候能随时随刻变身，以幼儿需要的身份去陪伴幼儿游戏。譬如疫情防控期间"想和病毒玩的小朋友"，如果这个幼儿不是在家而是在幼儿园里，我们老师该怎么面对？我们都知道他的想法和行为是不对的，可幼儿委屈，什么大道理都不想听，那我们的变身陪同就很重要了。蹲下身子对幼儿说"来呀来呀，我就是病毒，你想和我怎么玩"，而后"病毒舌战小朋友""小朋友大战新冠病毒"……玩的过程中趁机讲点幼儿需要了解的，我相信这幼儿慢慢地就会成长为"遵章守纪"的小公民了。我们知道，教育追求得更多的是"完整成长"而非"完美成长"，就如大家常说的"要成才先成人"。每个幼儿体内都天生隐藏着生命力，我们没有发现，是因为我们缺少适合这个幼儿的生命力。因此，让幼儿发现自己的最好的方法，就是激发我们体内的生命力，即"重构游戏者身份，巩固游戏者能力"。只有这样，才能吸引住幼儿的眼球，也才能陪同幼儿做真正让他们喜欢且愿意参加的游戏。

## 四、自"幼儿视角"成为幼儿，助力教师幸福生活与终身发展

成为幼儿应该是教师"游戏者身份重构"的最高境界，在这里的"成为幼儿"，应该也体现了多个层面，有假装"成为幼儿"，有不自觉的"变成幼儿"，有自然而然的"做了幼儿"。不同层面带给我们的体验不一样。但笔者相信，当我们在工作中、生活中把童心童趣体现得淋漓尽致，那我们的工作与生活一定会显得更加色彩斑斓。

譬如角色游戏"医院里的故事"，教师扮演病人去给当医生的幼儿出难题，在这样的案例中，教师"游戏者身份重构"其实有假装幼儿的嫌疑。就如鄢超云教授分析的，这个"假装游戏"实际上是带有虚构的和装饰的成分，对于幼儿来说甚至显得有些宽泛或者不配合。但因为有教师的加入，幼儿在游戏中的成就感更能得到体现。同时，幼儿会对游戏中存在的一些问题进行思考。所以笔者认为，如果我们"童心不足"，还达不到"游戏者身份重构"，在需要的时候假装一下"幼儿"也未尝不可。

又譬如案例"我有一个儿子"，就是教师自然而然地变身为幼儿。如厕的老师与小朋友相遇后，加入幼儿们"我有……"的争论，几番战斗后幼儿们都赢了，最后老师用"我有一个儿子"取得最终胜利。虽然在这个案例中老师有"耍计谋"的成分，但也说明老师和幼儿们在争论中已经不自觉地成了伙伴关系，该老师已经不自觉地变身为幼儿。还有我们幼儿园里经常会看到这样一种

现象，就是三四十岁的教师，因为和幼儿们玩得太开心，会被一些幼儿叫"姐姐"。笔者相信这时候的这位老师，是在游戏中真的成为幼儿。

其实，不管是通过了解来奠定基础，通过支持去提供保障，还是在体验中做好支撑，甚至"变成幼儿"提升自己的幸福指数。总的说来，自"幼儿视角"进行"游戏者身份重构"确实是幼教工作者当下的一个重要任务。就让我们一起行动起来，令幼儿园的所有活动都始终充溢着、涌动着教师和幼儿的游戏精神。如此，幼儿们的童年，才真真正正属于他们自己。

# 一场童玩游戏节引发的课程变革

四川省南充市莲池幼儿园　杜　玲　杨　英

游戏是幼儿园的基本活动，游戏是幼儿连接学习最自然的途径，游戏是成人对话童年最诗意的方式。幼儿教师游戏者身份重建的主要因素是突出幼儿游戏的主体性，让幼儿在游戏中享受自由和愉悦。我园通过一场为期一个学期的童玩游戏节活动，建构了一条"开发游戏—创新游戏—生成游戏"的游戏课程链，引发了一场课程变革。

## 一、游戏节课程背景

现代的幼儿们为什么少了我们童年时的那份快乐？因为他们很少经历肆意的、深刻的、悠长的、真正的游戏！

跳房子、丢沙包、滚铁环、扇烟盒、打豆干……让我们的幼儿去传承与创新那些伴随了几代人的成长、镌刻在我们记忆深处的传统老游戏，这是对待传统文化应有的态度，也是丰富素质教育内涵的手段。带着这样的初心，结合我园办园70周年教学成果系列展示活动，我园师生共同策划了以"那些年我们玩过的游戏"为主题的元旦童玩游戏节活动。历时一个学期的建构过程中，教师重建游戏者身份，唤醒了游戏精神，幼儿在重构、体验传统游戏的过程中，促进了深度学习，获得了发展。

## 二、游戏节课程目标

（1）通过回忆、重玩"那些年我们玩过的游戏"，对传统文化进行传承与创新，挖掘传统游戏的价值内涵，让幼儿们享受游戏的快乐、自由与愉悦。

（2）通过童玩游戏节，唤醒教师的游戏精神，重建教师游戏者身份，提高教师游戏课程建设能力。

（3）引导家长成为活动课程的重要支持者。

## 三、游戏节课程纪实

### （一）游戏的讨论与征集——变教师预设为幼儿开发

开学初，教师问幼儿们：你们喜欢玩游戏吗？你们最喜欢玩哪些游戏？爸爸妈妈、爷爷奶奶小时候玩过什么游戏？教师引导幼儿们讨论，并回家向爸爸妈妈、爷爷奶奶了解他们"那些年玩过的游戏"。在幼儿们充分讨论、初步了解的基础上，老师和幼儿们共同设计问卷调查，用问卷调查的方式就"那些年我们玩过的游戏"向每个家庭广泛征集，收集了许多家长儿时玩过的传统游戏，如跳房子、捉迷藏、丢沙包、弹子儿、跳绳、斗鸡、踢毽子、滚铁环、扇烟盒、炒黄豆、打豆干……

### （二）游戏的改编与创新——变教师建构为师幼重构

征集了众多的传统游戏后，教师引导幼儿们开展了游戏试玩活动，幼儿们利用体育活动、户外游戏活动、晨间锻炼活动一起玩起了爸爸妈妈、爷爷奶奶儿时玩过的游戏，如滚铁环、打豆干、炒黄豆、踩高跷……通过试玩，幼儿们对传统游戏有了他们的体验和看法："我老是打不翻豆干，豆干要叠得厚一点才好""如果可以在欢乐沙水湾里钓鱼一定很棒""挤油炸儿我老是站不稳，如果可以坐着挤我就不会摔跤了"……幼儿们对游戏材料、游戏玩法、游戏规则纷纷发表了自己的意见。根据幼儿们的意见，教师与幼儿们一起进行改编和创新，让传统游戏焕发新的生命活力。

幼儿园开展了家长开放日活动，幼儿们与家长一起玩游戏，探究如何将幼儿们自己的游戏改编为亲子互动游戏。家长和幼儿们情绪高涨，玩得意犹未尽，而老师们则在认真细致地观察：哪些游戏幼儿、家长参与积极性高，哪些游戏存在安全隐患，哪些游戏规则需要改进，等等。教研活动时间，教师们对改编的亲子互动游戏进行了深入的研讨和分析。

丽华老师：抬轿子游戏在准备活动材料时考虑欠充分，木棍太短，手容易碰到球，使得在玩游戏时幼儿和家长用手握球，游戏缺乏挑战性。

小俐老师：斗鸡游戏因为考虑安全因素，基本是家长在玩游戏，幼儿们做观众，幼儿们的参与性不够。

潇潇老师：游戏的规则没有充分考虑家长和幼儿的区别，规则制定不应一刀切，比如，滚铁环游戏可以提高对家长的要求，对幼儿的要求应根据其年龄特点降低。

海英老师：有的游戏规则需要进一步细化，如打豆干游戏，一个人的游戏玩法和两个人的游戏玩法要具体、细化，以提高游戏的操作性和趣味性。

经过多次研讨和分析，教师们再次从游戏的趣味性、可玩性、安全性、运动性、亲子互动性等方面进行了调整与筛选。筛选的游戏除了要符合上述要求，还要符合幼儿年龄特点、动作发展与兴趣，只有选择有意义、有价值、有趣味的游戏才能促进幼儿的深度学习与发展。十六个改编后的传统游戏应运而生："猜灯谜""沙地寻宝""打豆干""奇趣大冒险""年年有鱼""炒黄豆""扇烟牌""跳房子""同心鼓""打地鼠""滚铁环""踩高跷""挤油渣儿""弹子儿""母鸡下蛋""背篓接球"。

**（三）"童玩游戏节　玩到一起'趣'"——变单一游戏体验为全程课程体验**

传统的元旦游园活动关注幼儿活动当天的游戏体验，我们和幼儿们一起策划的"童玩游戏节　玩到一起'趣'"的大型游戏活动课程，引导幼儿体验游戏课程的全过程，具体分三个阶段。

**1. 第一阶段：装扮游戏节**

幼儿和教师们细化游戏规则、准备游戏材料、规划游戏场景。幼儿们将游戏的玩法、规则、流程图、场地规划以及对游戏的体验等用绘画的方式进行表达与表现，一张张图文并茂的图画都是幼儿对游戏的讨论和思考。大班的小朋友还为全园的小朋友设计了游戏票，游戏票除了有每个游戏的图文介绍，还能对每个游戏进行评价。

**2. 第二阶段：体验游戏节**

幼儿们用绘画的方式述说了自己班级的游戏故事，那么，其他班级都有一些什么游戏？其他班级的游戏场地都在幼儿园哪个区域？其他班级的游戏好玩吗？幼儿们带着疑问、带着好奇，进行了游戏节初体验活动，在教师的带领下，幼儿们对各个班级的游戏项目进行了试玩，熟悉了所有游戏项目的场地位置、游戏玩法、游戏规则，体验了游戏乐趣，提升了游戏水平。

婉桐：我觉得"打地鼠"好好玩，每次我都没被打着。

禹衡："年年有鱼"可以钓鱼，还有一个"沙地寻宝"的游戏。

子墨："母鸡下蛋"的游戏很好玩，鸡窝特别大，很漂亮。

子秋：我最喜欢"挤油渣儿"的游戏，我的力气大，每次我都不会被挤下去。

**3. 第三阶段：童玩游戏节**

游戏节当天，幼儿园成为一片欢乐的海洋，大型娃娃、卡通人偶迎接家长和幼儿的到来，全园师生家长齐跳狂欢舞蹈，参与各项亲子游戏，领取游戏奖品，幼儿们在游戏评价表上为自己最喜欢的游戏投上珍贵的一票，最终"挤油渣儿"当之无愧地成为幼儿们最喜欢的游戏。

## 四、分析与反思

游戏课程价值追求——课程、幼儿、教师共生共长。

### （一）课程：从游戏中来，到游戏中去

童玩游戏节课程起源于一个个传统游戏，在提高幼儿游戏自主性的前提下，教师和幼儿们将一个个单一的游戏变成系统、有序的系列活动课程，以大班构建的"母鸡下蛋"游戏课程为例：游戏最开始名为"公鸡下蛋"，幼儿们针对名字到底是"公鸡下蛋"还是"母鸡下蛋"的问题进行了激烈的讨论，最后以投票的方式选出"母鸡下蛋"的游戏名。在游戏过程中，幼儿们不断发现问题、解决问题，引发了一个个的游戏活动：有的幼儿说母鸡下蛋要唱歌，生成了音乐游戏。怎样把自己装扮成母鸡？幼儿们说可以戴头饰、扎头巾，生成了角色游戏。母鸡下蛋需要鸡窝，鸡窝怎么做？生成了建构游戏。一次下一个蛋时间太短不好玩，幼儿们又把母鸡下蛋的数量改成了10个，比一比规定的时间谁下的蛋最多，生成了数学游戏。家长要参与游戏活动，幼儿独立游戏变为亲子协作游戏，生成了亲子游戏。幼儿们一次次地体验、讨论、改编、创新、分享，丰富的活动一环扣着一环深入地开展，并通过"母鸡下蛋"这条主线串

联起来，让一个个游戏建构成"母鸡下蛋"游戏课程链。游戏课程建设的过程就是从幼儿的游戏出发，以其兴趣和问题为导向，引导和建构新的游戏，真正做到从游戏中来，到游戏中去。

**（二）幼儿：在游戏中学习与发展**

童玩游戏节充分尊重幼儿、理解幼儿，把学习的主动权交给幼儿，让幼儿成为游戏活动课程的主体，在生动有趣的游戏中学习，在寓教于乐的游戏中发展，从而实现游戏课程的教育价值。

在为期一学期的游戏课程实施中，幼儿们有体验：他们对所有游戏项目进行了一遍遍的试玩，熟悉了所有游戏项目的场地、玩法、规则，体验了游戏乐趣，提升了游戏水平。

有讨论：哪个游戏最好玩？哪个游戏难度最大？

有思考：怎样向别人介绍自己班级的游戏？怎样可以获得游戏的胜利？

有表达：用绘画的方式进行表达与表现，一张张图文并茂的图画都体现了幼儿们对游戏的深入理解和思考。

有矛盾冲突与解决：在游戏的过程中，幼儿们探究、讨论，充分发挥想象力、创造力和判断能力，想出办法解决问题，让游戏能持续深入地开展。

有评价：幼儿们在游戏票和游戏评价表上为自己最喜欢的游戏投上珍贵的一票。

童玩游戏节课程，让幼儿真正成为活动的主体，幼儿在游戏中玩出经验、玩出智慧，逐步养成积极主动、认真专注、不怕困难、敢于探究和尝试、乐于想象和创造的良好学习品质，实现了游戏课程的教育价值。

**（三）教师：唤醒游戏精神促进专业成长**

通过游戏课程建设，教师重建游戏者身份，树立了科学的教育观、幼儿观、课程观，充分遵循幼儿身心发展规律，在游戏中观察幼儿、理解幼儿、尊重幼儿，秉承自由、自主、愉悦和创造的游戏精神。幼儿在游戏中学习与发展的同时促进了教师的专业成长。

课程实施过程中，我园教科研团队统领游戏节课程建构的进程，明确课程建构每月阶段性的主题、内容与要求，让教师对游戏的观察有了具体的出发点与目标，知道观察什么、怎样观察以及怎样解读幼儿的行为。他们与幼儿对话，去倾听幼儿的心声和对游戏行为进行解释；与自己对话，运用理论和已有的经验对幼儿的游戏进行解释和反思；与同行对话，批判性地接纳不同理解和解释。这样的多重对话帮助教师形成了分析问题的多重视角和更开放的分析框架，从而真正了解幼儿的发展水平与规律，了解每个幼儿的"最近发展区"并适宜地给予支持，促进幼儿游戏精神的进一步发展。

童玩游戏节课程建设，唤醒了教师们的游戏精神，在课程建构的过程中，教师们尊重幼儿的游戏，乐意为幼儿的游戏创设充分条件，宽容、接纳幼儿游戏过程中的各种行为表现，通过观察、解读幼儿们的游戏，发现游戏的价值并推进游戏进程，同时让自己的教育生活充满了游戏趣味，使班级氛围宽松、愉悦，树立了平等、尊重、乐观、幽默、亲和的游戏者形象。

游戏生成课程，课程助推教育发展，一场童玩游戏节引发的游戏课程变革，既是对传统游戏理论的重构，也是对教师游戏精神的唤醒。游戏课程建设的研究，我们一直在路上。六一儿童节，我们的第二届童玩游戏节仍将继续，让我们一起通过游戏丰盈师生的精神生活，回归教育的本真！

# 新视野背景下幼儿园游戏课程的实践探索

自贡市自流井区第一幼儿园　陈欲晓

为落实立德树人根本任务，全面实施"五育并举"的"自贡探索、自贡实践和自贡方案"，为深入贯彻落实《纲要》的总体规划，根据自贡市"盐都未来工程"的行动指南，自贡市自流井区第一幼儿园把幼儿园课程游戏化和活动特色化作为幼儿园建设的首要任务，以探索出适合我园发展的管理与保障模式，全力提升幼儿园保教质量。从"幼有所教"到"幼有优教"，我们提出幼儿园管理的"六个支架"，通过教师管理、时间管理、空间管理、班级管理、资源管理、生活管理，有效改善幼儿园园本课程游戏化和环境特色化的实施方案，提出幼儿园游戏课程的"三自、三好、三会"，即三自——自然、自由、自主，三好——好学、好问、好做，三会——会想、会思、会悟，实现幼儿园"优质、特色、普惠"的服务宗旨。

为进一步推进我园游戏课程的创新理念，促进我园文化内涵发展，结合我园实施园本游戏课程"六育"特点，即"课程育人、课堂育人、环境育人、文化育人、活动育人、实践育人"进行讨论。

## 一、游戏课程创新，办园彰显特色

教育需要改革，课程势必创新。游戏是幼儿的天性，是幼儿喜欢的活动之一。我园依托"盐都未来工程"的行动指南，开展园本特色"游戏课程"模块，在"历史中寻找""传统中发现""文化中挖掘"，以拓展园本游戏课程的深度和广度；让游戏活动看得见文化传统，看得到继承发扬；让每个老师都是发现者、创造者，让每位幼儿都是参与者、合作者；让师幼在游戏活动中懂得团队精神，实现个人价值。下面，就我园园本游戏课程提升办园特色的实践研究做讨论。

**（一）以环境创设融入自贡本土文化的游戏创新意识**

《纲要》中明确指出："环境是重要的教育资源，应通过环境的创设和利用，有效地促进幼儿的发展。应充分利用自然环境和社区的教育资源，扩展幼儿生活和学习的空间。"在环境创设的过程中，我们通过多种形式来激发幼儿"三性"，即积极性、主动性、创造性。幼儿园充分利用场地空间，以"盐都未来工程"为指导精神，融合自贡本土特色资源，以幼儿的参与和创作为主线，创设出富有童趣、形式多样的情境；为幼儿创设体现本土元素，同时具有自贡本土氛围的游戏活动环境，激发幼儿的参与兴趣和创作欲望。

**（二）以本土特色融入环境主题的建构路径**

我园园本课程以特色性、适宜性、教育性、美观性、整体性为原则，选取自贡的"盐、龙、灯、菜、剪纸、川剧、扎染"等文化元素，精心创设了"恐龙世界奇妙无穷""自贡井盐盐之凿凿""吃在四川味在自贡""自贡彩灯点亮世界""川剧变脸蜀粹传承"等主题的教学环境，让幼儿们在蕴含本土文化特色的环境中感受美轮美奂、富有浓郁本土气息的家乡文化，从而增强幼儿们对家乡文化的认同和喜爱。

同时，在楼道主题墙的作品展示上，我们增加了幼儿亲手制作的美术作品，当幼儿们走在楼道里兴致勃勃地观赏讨论自己的作品时，在相互交流的过程中加深了对家乡特色文化的了解和认知。

## 二、以自贡历史特色为主题的研学游戏

2021年初，我们率先启动了"盐都未来工程"研学实践活动，以感知与体验推进游戏课程的初级阶段。研学活动"重返侏罗纪探秘恐龙馆"让幼儿感受恐龙世界的奇妙，激发幼儿探索自然的欲望；"亲亲自然拥抱春天"的特色春游活动，让幼儿感受家乡的春天，体验自贡春天之美，并通过环保志愿者教育幼儿珍爱环境，保护自然。龙湖公园、自贡尖山风景旅游区的各季水果采摘、健康田园的各种农作物收获体验等，让幼儿园在感知体验的操作游戏活动中，

认识人与自然的密切关系，从而更加热爱大自然，敬畏大自然。

**（一）以走进"彩灯世界"为创新的大区域游戏**

为深入感知自贡彩灯魅力，了解彩灯文化，体验彩灯制作工艺，进一步加深幼儿对自贡彩灯的热爱，我们设计了以"自贡彩灯"为主题的区域游戏创设。在设计活动前，我们组织幼儿逛灯会、看彩灯制作、观彩灯博物馆，激发幼儿对自贡彩灯的兴趣，引发幼儿的游戏表现欲望。做了这些功课后，我们在游戏过程中设置了四个游戏活动区：

（1）以"快乐书吧"为主题的阅读区。为幼儿提供了大量的彩灯方面的绘本及图片，布置了地垫、桌椅……幼儿可以选择他们喜欢的方式自由阅读。

（2）以"巧手乐园"为主题的绘画区。为幼儿提供了彩笔、卡纸、水彩颜料等工具，以实现幼儿设计创作为目标，发挥幼儿无限想象，满足幼儿的创作需求。

（3）以"炫彩灯笼"为主题的手工区。提供多种操作材料，由幼儿自由选择材料进行创作。幼儿根据参观彩灯制作获得的经验，创作出自己心中的彩灯，满足了他们的创作欲并获得了成就感。

（4）以"我心中的彩灯公园"为主题的建构区。本区是幼儿最喜欢的地方。利用各种废旧材料和建构玩具，为幼儿提供了天马行空的想象空间，激发幼儿想象力，释放幼儿游戏天性，把幼儿玩乐游戏的愿望展现得淋漓尽致。

同时，我们设立了四个情景予以引导。

**情景一：** "家乡自贡的彩灯是什么样的？"通过幼儿实地逛"彩灯公园"欣赏彩灯，引导幼儿深入了解彩灯的制作过程。

**情景二：** "我心中的彩灯公园是怎么样……"引导幼儿通过观察和发挥想象，分享所看、所听、所想，丰富幼儿语言表达。

**情景三：** "欢迎参观我的彩灯作品……"引导幼儿分享完成作品后获得的喜悦，使幼儿在互帮互助中理解团队意识，丰富社会经验，提高团队合作精神。

**情景四：** "彩灯公园怎么玩？"与幼儿讨论游戏规则、制作游戏牌，实现师幼互动，提高幼儿的游戏参与度和积极性，让幼儿成为游戏的主导者。

在游戏环节中，幼儿脸上充满求知的稚气和创作时眼里的满足，以及言谈间流露出的对自己参与角色的自豪感都深深地打动着教师。游戏，让幼儿在这片小天地找到了属于自己心目中的"彩灯公园"，感受到家乡彩灯带来的文化自信，"自贡彩灯"的形象深深烙在幼儿们的心里。

**（二）自贡"小三绝"之扎染博物馆的操作游戏**

为实现幼儿园游戏活动的多样性，我们还创设了"自贡小三绝——扎染"的区域游戏，目的是让幼儿了解扎染是自贡"小三绝"之一，通过扎染作品的形态，激发幼儿的想象力，让幼儿创作扎染作品，体验颜色带来的新奇体验和同伴合作的快乐。

在实施过程中，我们实地参观自贡扎染博物馆，用直接经验的方式，让幼儿感受家乡"小三绝"扎染文化。

操作环节中，让幼儿尝试制作扎染作品，探索不同扎的方式，学习用不同颜色进行的浸染，染出千变万化的图案，感受扎染的魅力。

在呈现作品的评价中，让幼儿分享扎染作品并介绍创作过程，培养幼儿的艺术鉴赏力和语言表达能力，通过扎染亲子活动，实现亲子互动，增进亲子感情。

这些研学活动实现了课堂育人和环境育人的综合育人模式，融合了幼儿园区角游戏来开展本土特色游戏操作活动，让幼儿们通过生动的游戏活动体验，拥有家乡文化带来的文化自信，在游戏体验过程中懂得团队精神，获得创作机会，实现个人价值。这也从深度上诠释了"游戏课程"育人目标。

## 三、以课题为引领的幼儿园"食育"文化主题游戏

区域游戏作为游戏课程形式之一，具有自由、自选、独立、协作的优势，它不仅满足幼儿的游戏需要，同时与集教活动有着相辅相成的作用。我园以市级课题"二十四节气文化与幼儿园食育的实践研究"为介入点，结合园本游戏课程，挖掘幼儿园的自然资源和教育资源，利用本土化的资源和材料，不断拓宽幼儿园园本游戏的广度，在幼儿园开展主题活动、生态活动、亲子活动、体验活动、区域活动，探索以"二十四节气"和"食育"为特色的园本区域游戏。

我们立足幼儿园游戏课程的创新思想，将本土文化和幼儿园"食育"融入

区域游戏，实现"游戏和食育"的结合，以班级打造特色区域游戏活动，如月亮班以盐文化为背景的主题活动"我爱盐帮菜"。班级根据幼儿年龄特点，以"盐韵—盐厨—盐都美食街"为主线，创设了建构区、美工区、艺术区、生活区和阅读区，让幼儿们通过阅读区的盐都美食故事，了解盐帮菜的历史，并通过建构区搭建各类天车和盐业历史博物馆，了解天车造型、作用，加深对盐业历史的认知，再通过美工区感受盐帮菜的色味俱全和制作盐都美食的乐趣，尝试通过美食街的角色扮演来感受家乡饮食文化。

叮当班在"食育"课题研究过程中，延伸创建了"呦呦中医馆"区角游戏。让幼儿基本了解中医的望、闻、问、切问诊方法，认识常见的中草药，并在角色扮演过程中，感受中医的博大精深，为传承中华医学奠定基础。

米奇班在"食育"课题引领下开展区域游戏"石磨豆花店"，培养幼儿热爱家乡的情怀，传承家乡饮食文化。游戏模拟了生活中豆花店运营的情景，幼儿在游戏过程中了解到豆花儿的制作流程，加深了对自贡家乡的记忆。同时，在模拟开豆花店的实操活动中，幼儿的语言表达能力、动手操作能力、解决问题的能力得到了提升，对家乡的美食文化有了更深刻的认识，丰富了社会性体验。

草莓班借助"食育"课题，从"节气认知、饮食文化、玩乐厨房、进餐礼仪、家园协同"入手，创设了角色扮演和"玩乐厨房"区域游戏。选用适合幼儿的厨房用具，布置、投放了区角环境及材料，设计角色扮演和实操制作美食的游戏环节，结合"二十四节气"相关美食，让幼儿了解节气饮食文化，培养幼儿良好的生活习惯。

## 四、以农耕文化打造智趣种植的田园劳动实践游戏

农耕文化和田园教育是我园园本教育的一部分，结合四川传统生产农作物，让幼儿了解农事是国之根本，是生命之本。幼儿园利用楼顶打造"农耕田园文化"实验基地，让幼儿了解农耕文化，培养幼儿"知农事""悯农""爱农"，体验春播、夏长、秋收、冬藏的四季自然规律，感悟劳动的意义，感受收获的喜悦，获得情感的体验，使幼儿懂得敬畏自然，感恩生命。为传承我国农耕文化，培养幼儿参与劳作的意识，我们利用楼顶中间长廊打造了"农家

乐"体验馆。幼儿们通过认识、触摸农家生活用具，模拟农家生活场景，学习使用农具，从而体谅农民的辛苦，知道食物得来不易，从而爱惜粮食、敬畏自然、倡导劳动、尊敬劳动者。

## 五、在传统中不断保留和创新的户外民间体育游戏

用环保竹竿做户外游戏一直是我园的传统，我们用竹竿开发了许多游戏，如姜太公钓鱼、竹竿舞、曲棍球、踩竹翘等。在这个基础上，我们创设了户外游戏——玩味竹竿。我们一直在挖掘传统民间游戏，如丢手绢、跳格子、老鹰捉小鸡、老狼老狼几点了、马兰花开等，它们的可操作性和适宜性在幼儿园游戏活动中得到传承和发扬，让幼儿在体验父母及长辈童年玩过的民间游戏的乐趣时，也萌发对游戏的创新意识。这些喜闻乐见的民间游戏环保既有趣，也容易参与。利用民间游戏实现幼儿园的游戏种类的多样性和教育性，丰富了幼儿的游戏体验，提高了幼儿的体能，在协调幼儿身体灵活的同时，也提高了幼儿的团队合作意识。

## 六、游戏彰显初心，"未来"继续探寻

我们实施游戏课程是为了培养具有优良综合素质和强烈家国情怀的新时代接班人。接下来，我们将继续深入学习习近平新时代中国社会主义思想，坚持党的教育方针，深刻领悟《纲要》《幼儿园工作规程》（以下简称《规程》）的核心精神，加大教师队伍的建设培养力度，完善督导考核。我园将继续开展游戏课程的探究，秉承"自在百味、和融共生"的游戏课程理念，以"三类课堂"融合和"本土实践"为手段，以社会、家长、园所、教师联动为支撑，以能力培养为根本，为幼儿生命、生活、生长打上盐都的烙印，形成具有独特的本土情怀、家国情怀、五育并举的蕴含学前教育专业特色的幼儿园园本游戏课程。

# 幼儿园环境创设的有效策略

四川省遂宁市大英县蓬莱镇幼儿园　陈　敏

环境是重要的教育资源，应通过环境的创设和利用，有效地促进幼儿的发展。笔者从事幼教工作20多年，看见幼儿园环境创设的变化：开始从墙饰画几年不变，到每年、每期或每季度更换墙面布置，再到以主题为主的区域环境创设，再到项目活动环境创设等；幼儿园环境创设的地点也在变化，变为在墙面上、地面上、空中和玩具柜上等；参与环创的人员，不仅有教师、幼儿，还有家长和热心幼教的各行业的公益人员；环境创设从最初的单纯美化、童趣化，升级为生活化、互动化的环境；环境材料也在根据主题、幼儿的兴趣、幼儿园的特色在不定时地补充、新增。在幼教管理岗位15年，笔者走南闯北学习观摩了近百家优质公办幼儿园，现谈谈幼儿园环境创设的思考与实践策略。

## 一、幼儿园环境创设的意义

### （一）彰显幼儿园的办园理念和文化特色

评价一所幼儿园环境创设是否优质，首先要看这所幼儿园的环境创设可否彰显本园的办园理念和文化。老园底蕴的传承发扬、新园新貌的本土资源挖掘等，都能够体现"一园一品""一园一特色"的园所环境，呈现不一样的园所环境样态。

### （二）顺应幼儿成长的需要

让园所每一面墙面都能说话，即创设的园所的每一个空间都能让幼儿愉悦，投放的每一个游戏材料都能让幼儿乐于互动。幼儿园环境创设不仅应该从物质材料的准备上，根据幼儿的年龄特点、能力水平等来精心规划，合理投放，更应该从幼儿的精神层面上考虑，创设一个安全健康、自由愉悦的精神环境。

我国幼教先驱陈鹤琴先生提出：幼儿园环境是幼儿所接触的、能给他以一切刺激的物质。此说法重在显性的物质层面。瑞吉欧理论认为：环境是一个"可以支持社会、探索和学习的容器"，不仅包含有外部显性的物质层面，也覆盖了内在隐形的精神层面。幼儿园精神环境包括人际关系、交流评价等，是无形的但却直接影响着幼儿的情感、交流行为及个性的发展。

## 二、幼儿园环境创设存在的问题

每一所幼儿园的环境创设，因园所地域、文化习惯、办园特色、教师专业等不同，呈现各种样态，但也存在诸多共性的问题。

### （一）环境创设重装饰，忽略幼儿主观能动性

幼儿园的环境创设，主要是为幼儿创设安全、愉悦、绿化、美化且富有童趣的环境，大到地面、墙面、室内外的空间区域，小到梯间、角落，都应该有园所总体环创构思。但是，还有一部分幼儿园的环境创设过分重视环境装饰效果。比如，设计的墙画上大段的文字不符合幼儿的年龄特点，更无法给予幼儿环境互动和回应。固定美化的墙饰，也无法满足随季节、主题、活动的变化而产生相应环境变化的要求。

### （二）环境创设重展示，忽略幼儿活动延续性

有的幼儿园，根据本园的办园特色所创设的环境仅注重展示效果，忽略了课程的延续性。比如，有的以科技为特色的幼儿园，购买大量的科学探究的器材，让幼儿去操作发现。但是购买科技器材这一要求到位后，更换慢，幼儿每次去玩还是原来的环境和器材，使得幼儿缺乏兴趣和好奇心，这样的环境创设无法保证幼儿活动的延续性，也不适应幼儿的成长规律。

### （三）环境创设重平面，忽略幼儿思维创造力

有的幼儿园的环境创设从地面、墙面到空间，都是整齐统一的平面的材料装饰，不能培养幼儿动手操作和空间思维创造的能力。比如，有的幼儿园在班级创设的益智区投放的数字卡、图卡、迷宫、棋类等，全是平面的，缺乏童

趣，不能引起幼儿的游戏兴趣，更不能有效提升幼儿的思维创造力。

## 三、幼儿园环境创设的内容

### （一）创设和谐生态的园所环境

一所幼儿园的环境给人的第一印象好不好，首先要看是否达到"四化"要求：净化、绿化、美化、童趣化。净化很简单，干净、整洁就行；绿化要求稍高，有适当的场地来养花、栽树、植草，种水果、蔬菜，饲养小动物等；美化，通俗来讲，就好比给园所穿件新衣服，从服装的款式、图案的设计到色彩的搭配，既要有个性，也要端庄大方，不落俗套；童趣化就是从幼儿的视野出发，创设符合幼儿的年龄特点的、有趣味的、幼儿喜欢的、可以互动的环境。

以上"四化"仅仅只是影响第一印象，最重要的还在于环境是否和谐生态。简单说来，就是建立一个水、沙、石、泥土、木头等自然资源能得到合理利用，并和幼儿有效互动，能让幼儿主动积极地去探索、发现的环境。

世界闻名的德国"森林幼儿园"，充分体现了"大自然是活教材"的教育理念。幼儿们在幼儿园里，大部分时间都在森林里，聆听森林里的不同鸟鸣，培养音乐欣赏和节奏感知能力；与大树、泥土、水亲密互动，通过观察认知、探究奥秘、亲身感知、动手操作、协调运动、友好合作等不同方式来全面发展，使自己的创造能力得到充分挖掘和提升。日本藤幼儿园，被很多人认为是全世界最好的幼儿园，其巨大的圆形屋顶，让幼儿们运动奔跑没有起点和终点，也没有第一和最后一名；三棵可以爬上屋顶的大树，从屋顶穿过，培养幼儿勇敢和冒险的精神；微笑农场里，有动物和种植园地。幼儿园里有幼儿们最喜欢的马，每一个过生日的幼儿们都能骑马绕幼儿园溜达；还有老师和幼儿一起种植的各种蔬菜水果，收获时被展示在园里每一个角落，也让幼儿品尝劳动成果；另外还有移动的门组成的不隔音的活动室，把门收起来，全园就是一个圆形的长廊，打破班级界限，全园混龄活动。最让人印象深刻的还是这所幼儿园的幼儿们，不管年龄大小，无论初夏秋冬，他们午餐后自己动手洗自己的餐具并收拾好，自理能力很强。

闻名中外的浙江安吉幼儿园，是和谐生态环境幼儿园的代表：特意挖的水沟，隆起的土坡，广阔的草地，自备的秋千、木屋、绳网、梯子等，不仅给幼儿们提供了锻炼体能的机会，还给幼儿们无限想象的游戏空间，既有挑战性，更有自主性。

**（二）创设功能齐备的大区域环境**

幼儿园的大环境创设，可以体现一所幼儿园的教育理念和办园特色。比如，有的幼儿园从幼儿园大门开始，到走廊、楼梯间，随处可见的图书角和绘本故事，浓浓的书香气息迎面扑来，体现了该幼儿园书香阅读特色；有的幼儿园，从园标设计到园内随处可见的教师、幼儿和家长的绘画作品，品味无穷的艺术范儿，体现了该园的创意美术特色；还有的幼儿园，宽阔的户外场地，有适合幼儿进行各种运动的场地、器材，有生命力旺盛的动物和植物，还有花园、果园、菜园等，浓浓的运动风和田园风扑面而来。这样的环境创设只是大区域环境的一个重要的组成部分，更为重要的是其功能齐备，能给幼儿提供"五育"并举的活动场地和操作器材。要为促进幼儿体智德美全面发展创设条件，应从《指南》中的五大领域来思考和创设各种功能的活动室或园级活动大区域。

**1. 创设适合幼儿动作发展的安全健康的运动游戏环境**

陈鹤琴说，凡是幼儿，都喜欢户外生活，都喜欢野外生活，空气、日光是生命的根源，运动、游戏是健康的要素。因此，幼儿园要为幼儿提供走、跑、跳、投掷、钻爬、攀登等动作发展的安全户外场地，即体能训练区。规划创设时，根据园所实际情况，可以在户外室内均有体现，重点是户外运动游戏场地的合理规划。通过不同的体能器材和游戏，合理规划幼儿园的户外活动场地。有的幼儿园把这一系列的体能游戏区设置成军演作战区，幼儿们非常感兴趣，参与游戏兴致极高。有的幼儿园根据园所实际和办园特色，创设了幼儿篮球场、幼儿足球场、幼儿棒垒球场、幼儿体操场等，在提供户外运动场地和器材的同时，营造了一个安全健康的环境，让幼儿知晓正确的玩法，了解如何保护自己的身体等相关的安全健康知识。

**2. 创设适合幼儿语言发展的书香环境**

在幼儿园里很多被忽视的角落，如走廊、楼道角、楼梯间转角等，提供小书桌，放上几本经典绘本并定期更换，供来回经过的幼儿翻翻看看、读读说说，为幼儿打造"浸润式"阅读环境，培养幼儿良好的阅读习惯。从幼儿园开始，培养幼儿倾听、语言表达和前阅读、前书写的良好习惯。为提升幼儿的语言表达能力，应为幼儿园创设自由、宽松的语言交流环境，鼓励和支持幼儿与他人交流，而多给幼儿说话的机会并积极回应，让幼儿多看绘本书是最直接有效的方法。幼儿园环境创设中，班级读书角或园级图书室（区）是必不可少。有的幼儿园在入园门厅、接待来访家长室等地放置让幼儿随处可取放、不定时更换的各种幼儿绘本图书，通过漂流、故事分享等师幼共读、亲子共读、幼幼共读活动，提供儿歌童谣比赛、故事大王、童话表演等机会，提升幼儿语言沟通的技巧和语言表达的能力。

**3. 创设适合幼儿认知交往的社会环境**

幼儿的直接经验来源于生活实践和社会认知。幼儿的社会性主要是在日常生活和游戏中通过观察和模仿潜移默化地发展起来的。为了让幼儿对社会有更好的认知，幼儿园可通过创设"娃娃家""遵守交通规则""银行""超市""理发店""小吃店"等社会生活区域，让幼儿实践操作，认知社会各行各业并体验角色扮演，培养爱国、爱家乡，尊重他人，遵守基本的行为规范、规则等良好品质。上海南京路幼儿园位于上海市的中心，幼儿园场地很窄，活动空间非常有限，但是园所传承"生活即教育"的课程理念，把附近最繁华的南京街上最有代表性的商铺在幼儿园二楼的平台走廊上进行模拟。在这里，幼儿们自由选择游戏的角色，模拟开展不同职业的工作，学习与人沟通、协作，学习处理和解决问题，学会收拾和整理等，培养和提升认知能力，发展个性。

**4. 创设适合幼儿探究和数学认知的科学探究环境**

幼儿的思维特点是以具体形象思维为主，幼儿无数个的是什么、为什么的问题，许多可以让幼儿通过直接感知、亲身体验和实际操作来进行科学学习，自己推断并获取答案，这样才会让幼儿保持积极主动的探究愿望。好多的科学现象和知识，幼儿可在实验操作中探究发现。园所场地充足、资金比较雄厚的幼儿园，给根据幼儿年龄特点，创设独立的科学探究活动室，幼儿通过实物器材、影像视频等探索科学的奥秘，激发探究的兴趣。根据幼儿年龄特点，创设数学操作区：小班，把幼儿喜欢的玩具，让幼儿按种类、大小、长短等进行比较、分类，学习一一对应点数等；大班，根据幼儿能力，可以创设一个迷宫、棋类区域，把抽象的、逻辑性较强的数学知识融进来，让幼儿通过实物或图片操作来感知生活中数学的有用和有趣，感知和理解数、量及数量关系，感知形状和空间关系等，培养幼儿动手动脑、观察思考的能力。因此，幼儿园创设动、植物角，科学探究区，益智数学区等科学探究和数学认知的环境是必要的。

**5. 创设适合幼儿感受与欣赏美、表现与创造美的艺术环境**

爱美之心，人皆有之，幼儿亦然。每个幼儿心里都有一颗美好的种子，幼儿园应充分创造条件和机会，让幼儿在音乐、美术活动中，充分感受与欣赏美、表现和创造美。有的幼儿园单独设置美工创意室、音乐舞蹈厅，或者根据幼儿园的办园特点，创设各种艺术工作坊，提供丰富的美工材料、乐器、服装道具等，结合园所特色，进行布置和创设艺术环境。例如，有的幼儿园创设了创意美术工作坊，还未入园，远观园舍童趣的造型、流畅的线条、舒适的色彩等，都能感受到浓浓的艺术氛围；走进去，精心的布局，提供材料的摆放、作品的呈现方式等，都能实现艺术对幼儿的浸染与熏陶。

**（三）创设有效互动的班级环境**

班级环境的创设与园所环境和大区域环境比较，更加复杂和灵活多变。因为幼儿在幼儿园里，除了每天户外活动2小时左右，剩下的在园时间，有集教活动、小组活动、区域活动、生活活动等不同的环节，几乎都在班级度过。创设什么样的班级环境才能让幼儿喜欢呢？

**1. 围绕幼儿的兴趣特点确定班级主题**

每个班级都可以一个主题为主线，规划班级环境的创设。主题可以是幼儿喜欢的动植物角色，如各种动物、各类花等；可以是生活中的一种材料，如麻绳、布、树枝等；可以是以某一种颜色为主色调的主题。例如，我园托一班，以托班幼儿最喜欢的各种车的造型，设计了主题墙框架、区域标识牌、晨检袋、种植器具等，班级教室既整洁、清爽，又童趣富有个性。

**2. 根据幼儿的年龄特点创设班级区域**

幼儿年龄不同，认知能力是有很大差异的。在创设班级区域时，一定要结合幼儿的年龄特点来设置。比如，给小班幼儿，可创设娃娃家、建构区、涂鸦区、敲敲打打区、给宝宝喂食区等幼儿感兴趣的区域；给大班幼儿可创设表演区、科学探究区、图书区、种植观察区、生活区等具有一定挑战性的区域。

**3. 设置互动的、可操作的班级环境**

环境是为教育服务的，幼儿桌椅的摆放、晨午健康卡、饮水记录、晴雨表、好宝宝评价栏等都是要与幼儿天天互动的。让家长成为班级环境创设的参与者、支持者，更让幼儿成为班级环境创设的小主人，他们的作品、语言交流、种植观察等学习及游戏的过程和成果，都要及时地在班级环境中体现出来，让幼儿感到班级每天都在变化，都是美美的。

幼儿园的环境创设是一项长期的、持续的重要工作，每个月的主题不同、季节不同、幼儿的兴趣点不同环境创设也不同。一所高品质的幼儿园，其环境一定是精心打造、独具匠心、富有内涵的，幼儿在这样的幼儿园生活、游戏、玩耍，自主和环境互动，和老师、伙伴交流，才会真正达到身心和谐健康发展。

**参考文献：**

［1］中华人民共和国教育部. 3-6岁幼儿学习与发展指南［M］. 北京：首都师范大学出版社，2012.

［2］李全华. 幼儿园环境创设［M］. 杭州：浙江大学出版社，2007.

［3］幼儿园主题活动环境创设编写组. 幼儿园主题活动环境创设［M］. 广州：新世纪出版社，2006.

［4］刘涛. 走向高品质学校：幼儿园卷［M］. 成都：四川教育出版社，2020.

# 贯穿游戏精神的幼儿园课程

## ——以丹巴县章谷镇第二幼儿园课程为例

四川省丹巴县章谷镇第二幼儿园　甲美

幼儿园的课程是一个过程，它应该是符合幼儿的兴趣和需要的、生动的、活泼的、主动的、具有游戏的性质，让幼儿感受到趣味；同时，课程应有一定挑战性，使幼儿通过活动取得新的经验。课程游戏化才能让课程符合幼儿的年龄特点，也才能真正让幼儿生动、活泼、主动地参与活动。游戏精神是幼儿教育的魂，是幼儿教育的核心价值。教师在课程实施中贯穿游戏精神，按照幼儿的样子培养幼儿，站在幼儿的立场，让幼儿自由选择、自主决定、自我挑战，同时教师俯身观察，去发现幼儿，分析幼儿游戏行为所蕴藏的发展，尽可能地做到目标隐藏，要求柔性化，给幼儿更多的选择机会，让幼儿在有趣的氛围里中积极主动地学习与发展。

## 一、让教师成为课程建设的主体

教师是课程的建设者、实施者，只有调动教师的积极性，让每一个教师成为课程的实施者、思考者、创造者，才能更好地建设幼儿园课程。教师发现幼儿，了解幼儿的看法、想法和做法背后蕴藏的经验，分析这些经验的价值，并且在发现的基础上支持幼儿经验的连续生长是课程建设质量的保障。

### （一）幼儿园课程建设

我园在五大领域课程的基础上，把礼仪课程作为我们的特色课程，以课题建设为平台，以班本课程的游戏化为途径，促进教师专业成长。把"文化中浸润、生活中渗透、游戏中发展"的理念作为课程实践的价值指引，在课程中传达文化价值观。园本课程构建中，从园级的顶层设计到年级的文化资源挖掘再到班级的课程建设，自上而下地规划；又让课程体现教育现场，自下而上地结合幼儿的现有水平和游戏中的表现，把班级生成的宝贵内容作为课程的抓手、契机和资源，聚焦形成和教育目标相结合的兴趣点，再进行价值点筛选，形成教学的支持点。教师们在不断实践与反思中提高了课程实施能力、游戏的组织能力，进而成为幼儿园课程建设的主体。

**（二）对教师的思想引领**

"一个人如果没有更高的精神追求，生活很容易就陷入这种不甘和厌倦的循环，导致内心越来越浮躁，越来越空虚。"（希阿荣博堪布《寂静之道》）在教师专业发展的过程中，一次次的思想引领是教师转变工作态度、追求专业自主发展的重要精神支撑。烦琐的工作中，教师开始滋生职业倦怠感，于是一场走心的反思活动开启了，我们回顾章幼五年的收获与成长。那一次，老师们准备得特别用心，在分享中感慨万千，泪流满面……"每个人都应该对人生进行系统的反思，当我们换一个空间的时候，我们就能意识到自己的变化，看到自己的成长。"一次心灵的洗礼，让我们回顾过去，思考未来。在实践中不断反思才能更好地前行，创新工作方式，创新教育方法与内容。定期的反思活动也成了我们工作的常态。教师们也在幼儿园文化氛围的熏陶下变得更加自信，谦虚典雅，就像她们在分享活动中说的："初遇章幼，那时的她青涩干净，就像个豆蔻少女，而现在的章幼和我们都变得成熟稳重，更有内涵。"

**（三）理念到行动的转变**

理念落到实际工作对教师来说是非常大的专业挑战。一开始，教师们都是盲目和不知所措的。理念说出来很容易，而落到实践中却很难。为了帮助教师解决教育中的疑难问题，我们把班级棘手的教育问题拿到教研活动中共同探讨。在思想碰撞中，教师们不仅获得了共同学习进步的机会，掌握了更多针对性的教育方法，我们也惊喜地发现，以前不敢发言的教师们都能积极大方地分享自己的观点。为了提高教师整体地了解幼儿的基本功，我们指导教师利用《指南》有效观察、了解幼儿。当教师们亲手撰写出一个个案例与教育故事时，她们开始真正学会了观察和倾听幼儿，也学会了反思自己的教育行为，并从中找到了教育的乐趣。她们说，开始是为了交作业而去观察，在不断观察的过程中发现，倾听幼儿们的对话是一件非常有趣的事情，参与他们的对话更是一件美妙的事情。教师是幼儿成长发展路上的引路人，要在倾听幼儿内心声音的过程中，助推幼儿主动激发对事物的认知与感知、生命深处的期待与渴望。当老师们学会观察幼儿，倾听幼儿，和幼儿平等对话，交流讨论时，灵感才能碰撞与激发。通过激发教师积极主动反思，看见幼儿真实而有意义的学习与发展，引领教师走上科研的道路时，他们也在烦琐的日常工作中，体会到用心教育的美妙。

## 二、发现幼儿经验，支持幼儿经验连续生长

课程来源于生活，当教师在实践中、在每一个活动中学会用心观察，才能发现幼儿，了解幼儿的看法、做法和想法背后蕴含的经验，并能判断幼儿经验对于幼儿有什么价值。这不仅仅需要教师悉心观察，还需要教师不断学习，将正确的理论知识作为判断的依据。这一个实践过程中有幼儿经验的呈现，可能是在生活活动中，可能是在集体学习活动中，也可能是在游戏活动中。教师搜集在这些瞬间中出现的重要信息，进行价值分析，生成新的课程内容，并通过集体教学、生活活动，或者游戏活动完成课程。教师的课程目标也许隐藏在教师准备的环境中，在幼儿生动活泼的参与中，不管以哪种方式进行课程推进，游戏精神必须贯穿课程活动，只有尊重幼儿的身心发展规律和学习特点，才能促进幼儿们全面的学习与发展。

**案例1**：一天下午吃葡萄，老师发现幼儿们对葡萄籽很感兴趣，不停摆弄着说：这是葡萄的种子吗？于是老师让幼儿们把葡萄籽泡在水里。第二天晨谈活动中，观察泡在水里的种子，老师问：你们看看种子有什么变化？（种子变大了，种子的颜色变了；水的颜色也变了，咦，水的颜色怎么会变呢？）老师：是啊，水的颜色为什么会变呢？幼儿：是种子脱色了吧？是昨天晚上睡觉的时候种子脱衣服了吧？老师专注地倾听着，似乎要抓住生命发展中不可重复的瞬间。幼儿们天马行空的想象让老师挣脱思维的束缚，展翅飞翔在想象与创造的蔚蓝天空，于是他们一起开启了"神奇的种子"探索之旅。班级分成几个小组，小组成员分别种下从家里带来的不同的种子。选组长、给小组取名、设计

小组观察记录本，都是由幼儿们分组讨论完成。于是画有西瓜和车的西瓜赛车队，画有雨点的小雨队等小组成立了。

　　老师发现，从那一天起，来园活动中，幼儿们第一件事情就是跑到种植区，用心观察。一天两天，没看到种子有任何成长的痕迹，他们还是喜欢跑到种植区玩。有了这种内在动机行为，老师组织幼儿们讨论，了解种子生长需要一个很长的过程，但是每一种种子生长的周期不一样。基于幼儿们对种植区的兴趣，老师在区域中增加了种子观察区，幼儿们每天除了观察自己小组的种子生长，还在观察区摆弄各种种子、给种子分类、用筷子夹豆子、用放大镜观察，玩得不亦乐乎。幼儿们用心观察并用自己的方式学习：图画、数字和符号记录种子的生长过程，建构他们的知识经验。老师关注幼儿的关注，每一天都有新的发现。在种子观察区，突然因为一句"种子长肚脐眼儿了"而展开讨论。老师惊讶于幼儿的惊讶：哎呀，种子有肚脐眼儿了吗？我们去问一下万能的网络行吗？幼儿们欢呼雀跃，模仿着老师的口吻说"这个主意不错"。幼儿们和老师一起去上网搜索，了解种子的结构……两个月后的一天，幼儿们看着已经长高的土豆苗，讨论着该不该挖土豆。老师好奇幼儿的好奇：是呀，土豆到底长什么样了？好奇、好问是幼儿探究的动力和前提，动手操作是满足好奇心、找到答案的必由之路。于是一场挖土豆活动上演了，老师和幼儿们七手八脚地挖出来，发现根本没有结土豆。看着幼儿们一副失望的表情，老师也用失望的语气问：为什么没有结土豆呀？合理科学的提问能激发幼儿专注于研究活动，真正实现幼儿学习与发展。是水浇得太少吗？教室里不能长吗？幼儿们猜测着。老师问：怎样找到答案呢？"老师，再找一下万能的网络吧。"当幼儿们遇到他们经验不达的困难，他们基于已有经验进行解决。于是大家一起搜索信息：种子在生长过程中需要适宜的温度、充足的水分、氧气的流通、还需要肥料……幼儿：老师，什么是肥料？老师：比如我们的大小便就是肥料。为了证实百度答案，班级又开设了种子试验区，有加土的和不加土的，有浇水的和不浇水的，有通风的和密封的，师幼一同等待实验的结果。第二天，泽仁从厕所出来时，用舀水的瓢端出半瓢尿，老师着急地问："泽仁，你要干吗？"他说："我给种子找的肥料"他用坚定执着的目光盯着老师，老师笑了，宝贝们也笑开了……幼儿们在整个过程中体验着自豪、喜悦、满足、放松等积极的情感。

这个种植主题活动持续了几个月，幼儿在动手动脑的探究中提出问题、观察探究、思考猜测、调查验证、搜集信息、合作交流。科学领域的学习与发展目标紧紧围绕着探究和认识兴趣，在体验和解决问题的过程中，发展幼儿初步的探究和解决问题的能力，凸显了"探究和解决问题"这一终身获益的核心价值。教师敏锐地观察到幼儿的兴趣点，在观察中学会站在幼儿的立场，处于幼儿的视角，去想象幼儿们对各种事件的"惊异"态度，这种"惊异"的眼光使教师随时发现教育现场的场景与时机，获取幼儿学习与发展的信息，进而支持幼儿的发展，为其创设游戏环境，并以游戏者身份参与到幼儿的游戏中，形成合作探究的师幼互动，让幼儿通过自主玩耍的探究活动来获得结论和答案。

教师的专业素养也会在最基本的观察活动中得到提升，教师们在一次次的实践中自我反思、自我发现并开始新的思考，并在这个过程中慢慢学会放下教师的姿态，开始学会以幼儿为本，以幼儿的发展为本，以游戏者身份参与活动，通过和幼儿平等对话来建构良好的师幼关系。教育也在这个生动的过程中变得有趣，在用心体悟中变得美好，教师也慢慢成为幼儿园课程建设的主体。

## 三、文化中浸润，生活中渗透，游戏中发展

幼儿园的课程是一个不断发展，能够促进幼儿自我建构的过程，它是一个动态的过程。我园在幼儿园园本课程实践中以"文化中浸润生活中渗透游戏中发展"的理念为指引，以《纲要》和《指南》为重要依据，挖掘身边教育资源，将优秀的本地民族文化融入幼儿园教育活动，促进幼儿有效学习。

"文化中浸润"在这里是指以浸染熏陶的方式引导幼儿接受优秀、适宜的民族文化，增进对自己生活的土地的情感，既让幼儿了解地方文化特色，又体现了文化的多元与包容。"生活中渗透"是教育回归幼儿生活的体现。陶行知提出"生活即教育""过什么生活便是受什么教育"。"游戏中发展"游戏是幼儿的基本活动，是促进幼儿学习与发展的重要途径。游戏的重要性在于幼儿的年龄特点，幼儿的发展规律和学习特点决定了他们的学习与发展离不开游戏，对幼儿游戏的把握是学前教育专业教师的拿手好戏和看家本领，也是提升幼儿园课程质量的重要保障。"文化中浸润，生活中渗透，游戏中发展"的幼儿园课程建设理念对民族文化融入幼儿园课程的价值指引体现在以下方面：首

先，民族文化融入幼儿园课程，需提炼出具有当地民族特色的幼儿园课程内容体系，挖掘的课程资源既要符合幼儿的身心发展特点，贴近幼儿的现实生活，也要关注幼儿未来生活所需要的经验、能力等。其次，"一日生活皆课程"，民族文化融入幼儿园课程必须面向幼儿生活、依托幼儿生活、回归幼儿生活。最后，寓教于乐，幼儿在已有经验的练习和新经验的获得中学习，在直接感知、实际操作和亲身体验中获取有用的知识和经验，游戏中，教师在顺应天性的前提下，在幼儿内部动机驱使下促进幼儿良好的学习品质的养成。

## （一）幼儿园园本课程体系

### 1. 确定目标、选择内容、实施和评价是一项课程计划的整个过程

将民族文化融入幼儿园课程，引导幼儿了解藏族优秀、多彩的文化，培养幼儿热爱家乡、热爱本民族文化、热爱祖国的情感；提升教师开发、利用民族文化课程资源的能力；丰富幼儿园课程内容，促进幼儿园课程的建设和发展。

### 2. 藏族文化融入幼儿园课程的内容

从课程理论的角度来看，幼儿园课程经过"三个筛子"的过滤确定内容。一是教育哲学，即选择内容要反映社会的发展需要；藏族文化融入幼儿园课程在实施过程中注重保持藏族文化的精髓，丹巴嘉绒民族地区有很多独特的优秀民族文化资源，如藏族是一个热情友好、和善、讲究礼节的民族，在交往中使用祝词和吉语甚多，藏族有句谚语叫：赞美别人是一种美德，祝福众生是具有慈悲之心。藏族人强调要有慈悲、和善、感恩的情怀，要以慈悲、和善和包容的心态积极行善积德。我们把文化精髓融入幼儿园教育，提出了建设师幼和悦、家园和谐的园风，至善至美、至真至淳的教风，以及求真务实、向善尚美的学风。在内容上，选择藏族礼仪文化、音乐文化、服饰文化、建筑文化、红色文化等内容进行筛选打磨并融入课程。二是学习理论，即选择内容要满足幼儿的兴趣爱好和发展需求，如锅庄游戏融入嘉绒藏族礼仪教育，幼儿在操作、交往中尽情玩耍和学习，教师在游戏中随时准确地分析和判断，能够随时发现并利用可以影响幼儿的教育因素。生活活动中融入丹巴音乐文化之丹巴啦啦调，丹巴啦啦调朗朗上口，并且能够即兴表演，是幼儿喜欢并容易接受的曲调，教师也可以利用这一文化特色进行各种随机教育。三是教学理论，即选择内容要与教师的教学水平相适应，从幼儿园课程五大领域（语言、健康、社

会、科学、艺术）出发，整合嘉绒藏族文化，促进相关活动的开展。区域活动旨在通过教学活动与游戏活动相渗透的方式，促进幼儿全面、和谐地发展。我们的课程在游戏化的开展过程中涵盖了健康、语言、社会、艺术、科学五大领域的内容。开展了"丹巴嘉绒锅庄""丹巴服饰礼仪""丹巴饮食礼仪"等主题活动，还创设了"嘉绒锅庄区""嘉绒藏餐吧"等区角，结合幼儿们真实的实际生活经验，以轻松、自然的方式开展教育活动，使民族文化在幼儿园课程中重新"活"起来。

**3. 藏族文化融入幼儿园课程的实施**

使藏族文化与幼儿园课程整体共生共融，整合多方资源，以融入家园社区合作活动、幼儿园各项活动以及幼儿园环境创设活动等。

**4. 藏族文化融入幼儿园课程的评价**

藏族文化融入幼儿园课程的评价是教师、幼儿及其他相关人员彼此平等对话、交流协商，共同对藏族文化融入幼儿园课程进行价值判断的过程。藏族文化融入幼儿园课程的评价应具有多元的评价主体、丰富的评价内容、多样的评价方法。

**（二）课程中贯穿游戏精神**

我们通过主题活动与区域活动相辅相成的方式将课程游戏化，基于幼儿已有的经验，有目的、有计划地为幼儿提供自由交往和游戏的机会，鼓励他们自主选择、自由结伴参与活动，让幼儿从中建构起新的关键经验，帮助幼儿获得幸福生活的关键经验、关键能力、思维模式，培养幼儿一生发展需要的能力和美好品质。

案例2：大渡河畔第一城的红色文化

丹巴藏民独立师师部旧址等得天独厚的红色资源，是红军长征线上的重要站点，上演过许多传奇故事，是一座不朽的丰碑，是一本鲜活的革命教科书，是一座珍贵的历史博物馆，也是弘扬社会主义核心价值观的宝贵资源。作为中央红色交通线所在地的幼儿园，我们深入挖掘和运用本地区丰富的红色资源，将丹巴县这座"大渡河畔第一城"所承载的丰富的红色物质文化和精神文化融入幼儿园品格教育课程中，建构幼儿适宜性的课程和生活，根据幼儿的认知、情感发展规律，采用幼儿乐于接受的方式，把复杂的、抽象的事物转化为简单的、形象具体的活动，有计划、有目的、有针对性地开展适合本地、本龄、本时期特点的爱国主义系列教育，在幼儿的心里埋下爱祖国、爱家乡的种子，让革命精神走进他们心里，把他们培养成具有民族精神和民族气概的未来栋梁！

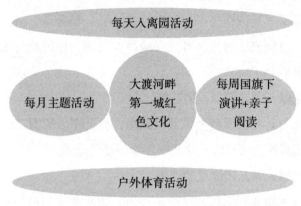

**图2-1　大渡河畔第一城的红色文化活动图**

活动形式多样化：

（1）每天入、离园的红色歌曲播放来做渲染，让幼儿在每天的红色歌曲渲染中受红色文化感染。

（2）每周一次国旗下讲话，让幼儿在国旗下进行红色故事演讲；每周亲子共读红色故事公众号发布的内容，让幼儿通过阅读红色故事提升前阅读能力，受红色文化渲染，激发幼儿热爱家乡、热爱祖国的情感。

（3）在"大渡河畔第一城""丹巴红色故事""党岭山""土司官寨"等主题活动中，通过视频观摩、绘本演绎、亲子阅读等形式，以当地红色文化为切入点，了解我国红色文化，知道现在的幸福生活是无数烈士用鲜血换来的。这些红色文化历史与符号也不是幼儿真实的经验与感受，幼儿很难理解这种艰难、困苦的环境，所以我们不只是让幼儿听红色故事，讲红色故事，更多地为幼儿创设直接感知体验的活动，以幼儿直接感知为基础，在区域活动中让幼儿进行手工制作、自制绘本、搭建活动、扮演角色；为幼儿的学习积极建构"感知体验"支架，让幼儿通过"马帮过河""运粮草"等体育游戏感受艰难、困苦的环境，体验坚持不懈、团结合作等，在《党岭山下的最后一次党费》《独郎沟之战》等戏剧表演中让幼儿把自己对红色故事的理解和感知进行再次演绎。让红色文化课程贴近幼儿的生活，让红色精神"扎根"于幼儿的内心，激发幼儿行善向美的优良品格。

**案例3：锅庄游戏**

我们利用身边的文化资源，打造具有丹巴嘉绒特色的幼儿园大环境，营造浓厚的民族文化氛围，而怎样使嘉绒文化背后隐藏的内涵深入幼儿内心呢？我们通过创设区域活动"锅庄游戏"，让幼儿通过扮演各种角色，在游戏中学习各种礼节，通过对迎客礼仪、游戏礼仪、锅庄礼仪的学习与运用，感知和体悟嘉绒藏族礼仪文化之美，由礼仪行为内化到心，在思想上根深蒂固地形成礼仪。幼儿在学习中了解了各种礼节，活动范围变得更广，社交策略和能力有了进步。幼儿不断遇到问题，通过大家共同探讨，一起采纳各自的奇思妙想，一步步将游戏推向深入。教师在发现幼儿的基础上去利用幼儿的经验，从而生成新的课程，不断改造幼儿经验，支持幼儿经验的连续生长，在真实的生活学习中贯穿游戏精神，帮助幼儿在生动、活泼、主动学习中建构新的经验。

第一次观摩区域活动，笔者以参观者的身份观摩"嘉绒锅庄"，幼儿彬彬有礼地介绍起"锅庄"的用途，外向的幼儿端来了自制的各种"奶茶"，所有规定动作结束后，幼儿们变得有点拘束……第二次，笔者以"客人"的身份参与到游戏中，在幼儿们的邀请下，笔者坐在"锅庄"上方，等待他们招待笔者这位"客人"，幼儿们表现得落落大方，举手投足礼貌得体。成人要参与到幼儿的游戏中，才能和幼儿进行平等的交往，幼儿也才会投入到戏角色中。

随着游戏活动的推进，第三次笔者还是以客人的身份参与到游戏中，班级已经开展过"怎样接待客人"的主题活动，幼儿们用语言或绘画等方式进行讨论，再把讨论中的经验迁移到游戏中。这一次接待我们，老师也让幼儿自己分配角色和任务，幼儿展开讨论，端茶、倒酒、做讲解，大家都非常礼貌，相互尊重地进行讨论，但是当出现意见分歧，争执了一小会儿后，一个女生发话了："这样，我来给你们做个安排，如果你同意就举手，不同意就不举手。"说话的女生一举一动非常得体大方，我也惊奇地发现她既有号召力，又尊重别人的意见，这样的品质可能才是教育所要的样子吧。讨论未结束，不知情的"客人"已经敲响了门，幼儿起身各自就位。招待客人的过程中，他们分工负责，非常和谐，我们也享受着被招待的乐趣。幼儿兴趣高涨，而且整个过程中表现出游戏水平的提高。活动区域投放的材料十分丰富，在仿真的模拟中，幼儿由之前用的酥油茶到创新发明了很多品种的茶，在我们"品尝"美食的过程中，幼儿举止优雅地向我们介绍起锅庄的用途，最后还问客人要不要看他们表演节目，要不要一起跳锅庄。他们在整个过程中彬彬有礼，而且每一件事情有商量、有尊重，这一次，笔者"沉醉"在游戏中。游戏结束，小主人们又开始忙碌于收拾中，扫地、擦桌子、收拾餐具、整理坐垫，有模有样，收拾得差不多的时候相互还说一声"辛苦了"。从这一声声温馨的问候中我们看出，幼儿的礼貌礼仪行为已经内化为真诚地为别人着想的善良内心。幼儿还在讨论活动中进行总结，并提出还需要充实区角的材料。幼儿在活动中都是以小主人的身份出现。成人不仅要参与到游戏中，而且要投入真情感，因为"沉醉"于游戏中的时候，才能感受到他们的思想、情感、态度与表现。

"嘉绒锅庄"，在这样充满生活气息和本土文化的游戏中，幼儿不仅学会了沟通与合作，更学会了分享与爱；不仅学习了礼仪文化，更获得了积极主动、好奇探究的学习品质。"锅庄"终究会成为历史，然而"锅庄"上的礼仪文化会在教育中传承下去。在我们的课程中也是这样，幼儿在玩耍的过程中衍生出其他区域，如"藏餐吧""嘉绒奶茶店""嘉绒服饰表演区""舌尖上的丹巴"等，我们基于这些活动生成了"茶马古道""我和大自然的故事"班本课程。

**案例4：**（大班）茶马古道

在游戏前，幼儿们分组讨论想怎样玩、用什么材料、和谁一起玩，并最终完成他们的游戏计划。

在幼儿园礼仪课程背景下，我们从"嘉绒锅庄"游戏中围绕"酥油茶"提出"茶是怎么来的"，根据丹巴的地理位置（茶马古道中川藏线上的一个站点），结合班级幼儿年龄特点，挖掘"茶马古道"课程资源，确立为班本课程。初识茶马古道，这是一条什么样的路？路上走着一群什么样的人？展开讨论：这是一条很窄的路、很陡的路、很危险的路、很多石头的路、很容易滑倒的路、很可能会遇到泥石流的路……

而怎样让幼儿去理解茶马古道上的陡峭，艰难、背茶人的勇敢、坚持、互助等品质？让幼儿们在美工区制作茶背子，在体育游戏"马帮过河"的亲身体验中去理解和寻找答案。幼儿吊在拉直的大绳上双手双脚往前爬行，很多幼儿走几步就掉下来，在大家的鼓励声中又一次次地尝试，在欢呼雀跃声中艰难过河……在攀爬过绳的过程中，幼儿不厌其烦地变换着姿势做同一件事情，掉下去又起来尝试用不同的方法到达对岸。接下来，幼儿背上他们在区域活动中亲手制作的茶背子"跋山涉水"（用攀登架等摆设的高山峡谷），体验运茶的不易，在不断自我挑战的过程中培养了幼儿勇敢、坚持不懈、互相帮助的精神。幼儿在这种体育游戏中体验着胜利、喜悦和来自同伴的热情鼓励、温暖帮助，以及在挑战成功后的强烈和持久的积极情感。

通过讨论、实践、反思等途径，教师不断创设环境并与幼儿一起获得知识经验，并在区域活动中创设各种经验重构的环境。让幼儿在游戏中体验到各种积极情感并得到持续与加固。在美工区自制绘本时，幼儿不断带来惊喜：马帮队出发了，路上有人晕倒，前面的人倒回来帮忙抢救……过河的时候眼看着有人掉进河里，且路非常的危险，但是其他人还是带着的悲痛心情继续往前走……上坡的时候，路非常陡，有人走不动了，大家一起喊加油……终于，马帮到达目的地，大家拥抱在一起，热泪盈眶……在"古今交通对比"中，让幼儿体会现在的幸福生活，懂得感恩与珍惜。"交换—贸易"活动中，老师给幼儿分别提供单一的不同的材料，幼儿在游戏过程中去学习材料交换，去理解交换的意义，了解在茶马古道中有物品与物品之间的交换，到后来有了货币用于买卖，再去了解国与国之间的贸易的意义，延伸到"丝绸之路""一带一路"的意义。就这样，在老师隐藏了目标的区域设置中，在游戏化的课程中把民族自豪感和爱国情感根植在幼儿的心里。另外，"嘉绒锅庄""舌尖上的丹巴"等游戏活动中把地域文化和游戏相结合，唤起幼儿内心深处的成长之力。幼儿在以游戏为基础的一日生活中获得整合的经验；幼儿反思是梳理提升幼儿整合的经验、推动幼儿从做到思的途径；课程在师幼共同参与的动态建构与发展中形成。老师在课程开发、梳理与实施的过程中成长起来，在幼儿园礼仪文化氛围的熏陶中激发出绵厚饱满的爱，学会了尊重幼儿、倾听幼儿，从幼儿们的兴趣出发，捕捉有价值的信息，并把幼儿园的文化建设作为方向，挖掘幼儿所处乡土的教育资源以及开发课程，成为追随幼儿的课程建设者。

**案例5：丹巴啦啦调**

丹巴文化中，歌舞文化是一大亮点，其中啦啦调是一种朗朗上口、曲调优美并适合即兴创编的曲调。为此，我们收集了很多首丹巴啦啦调，再结合县内文化人士编撰的啦啦调，将这些歌曲降调处理后，形成一曲曲适合幼儿年龄特点的啦啦调。其中《七步洗手法曲》就是借鉴啦啦调式即兴创编的一首歌曲。

在预防包虫病主题活动中，教师们根据"七步洗手法"教幼儿洗手时，将内容不停地反复讲演，幼儿常常是记住了上一个动作后，又忘了下一个动作。有教师无意间听到优美的啦啦调，忽然醍醐灌顶，决定要为七步洗手法的文字谱上曲调，于是和业务组共同完成了填词、降调、重组等改编，并尝试在大班进行教学活动。幼儿边唱边做动作，兴趣浓厚，很快就能够掌握七步洗手法的要领。这首歌后来在家长那里也得到了很好的反响，他们说：以前都是我们督促幼儿把手洗干净，现在我们幼儿还每天督促我们怎样一步一步完成洗手。

后来，笔者把幼儿们唱或者听啦啦调《七步洗手曲》的小视频制作成宝贝们的回信。这些回信引起甘孜日报记者的关注，专程到园进行全天采访，并在《甘孜日报》头版全篇报道。

### 丹 巴 啦 啦 调 之
#### 《七步洗手曲》

1=C 2/4

(3 6i 6i56 | 3 23 1216 | 3 - | 3 6i 6i56 | 3 23 1216 |

慢板
6 - ) | 3 35 5 35 | 6 6i23 | 3.2 i65 | 3 3 | 3 35 i65 |
　　　　 自来水哟　啦吧　　清又清哟　啦吧，洗洗　小手
　　　　 饭前便后　啦吧　　要洗手哟　啦吧，细菌　就会

转中速
3 31 2 | 5 3 3 21 | 6 6 : ‖ (3 56i | 5 635 | 2 3 21 2 |
啦啦　吧，讲卫生哟　啦吧。
啦啦　吧，跑得远哟　啦吧。

5 635 3 2 21 | 6 6 6 6 ) | 3 35 5 35 | 6i56 6 | 2. i 65 |
　　　　　　　　　　　　　手心　相对　搓一搓，手背相靠
　　　　　　　　　　　　　指尖　指尖　转一转，握成拳

3 5 3 2 3 | 3 35 i 65 | 3 31 2 | 5 3 2 23 | i 65 6 : ‖
蹭一蹭，手指中缝　啦啦　吧，相交叉哟　啦　啦。
搓一搓，手指手指　啦啦　吧，别忘掉哟　啦　啦。

慢板
(5 3 3 21 | 6 6 ) | 3 35 5 35 | 6i23 | 3.2 i65 |
　　　　　　　　　从小养成　啦吧，　好习惯哟

3 3 | 3 35 i 65 | 3 31 2 | 5 3 3 21 | 6 |
啦吧，做个健康的　啦啦　吧，好宝宝哟　啦吧。

于是我们沉淀课程内容，把啦啦调作为我们的课程之一，在"爱粮惜粮""开学第一课"等主题活动中，开发出《爱粮惜粮》《我和大自然》《安全拍手歌》等啦啦调。并将其作为生活活动的规定动作，让幼儿们在拍手游戏等活动中形成规则，养成良好习惯。我们在保留和沉淀课程的同时，也根据《指南》形成了小、中、大班的音乐课程体系。

### 小班《圆圆圈圈》

圆圆圈圈嘛啦啦　　圈圈圆圆嘛啦啦　　我们跳一跳啦啦舍，锅庄舞呀啦啦

里面一个圆啦啦　　外面一个圆啦啦　　我们手拉手啦啦舍　　开心跳呀啦啦

### 中班《爱惜万物》

一棵树嘛啦啦　　是大地的身嘛啦啦　　一滴水嘛啦啦舍　　是母亲的血嘛啦啦

大树说呀啦啦　　会遮阴呀啦啦　　水滴说呀啦啦舍　　会止渴哟啦啦

从小爷爷啦啦　　告诉我哟啦啦　　不能践踏嘛啦啦舍　　每个生命哟啦啦

爱惜树呀啦啦　　爱惜水呀啦啦　　爱惜万物啦啦舍　　保护地球啦啦

我们深入学习《纲要》和《指南》，在课程游戏化的实践中，挖掘幼儿所处乡土的文化资源，丰富课程内容，观察分析本园幼儿状况，从幼儿的兴趣和需要出发，在课程中贯穿游戏精神。课程游戏化实施，让幼儿在自由选择、自主决定中学习与发展，让《纲要》和《指南》的课程理念真正落地。

**参考文献：**

［1］胡华.从生活到生活化课程［M］.北京：中国轻工业出版社，2021.

［2］管旅华，崔利玲.《幼儿园园长标准》：案例式解读［M］.上海：华东师范大学出版社，2016.

［3］李季湄，冯晓霞.《3-6岁幼儿学习与发展指南》解读［M］.北京：人民教育出版社，2013.

［4］刘涛，崔勇，余琳.走向高品质学校：幼儿园卷［M］.成都：四川教育出版社，2020.

［5］程学琴.放手游戏　发现幼儿［M］.上海：华东师范大学出版社，2019.

# 让幼儿在游戏中绽放天性

四川省广安实验幼儿园  罗 凤

习近平总书记2020年9月11日在科学家座谈会上讲道："加强创新人才教育培养。国家科技创新力的根本源泉在于人。十年树木，百年树人。要把教育摆在更加重要位置，全面提高教育质量，注重培养幼儿创新意识和创新能力。"人的创新意识和创新能力的形成不是一蹴而就的，必须靠长期培养和养成。幼儿教育是人的奠基教育，幼儿时期养成的良好习惯影响人的一生成长，因此培养幼儿的创新意识和创新能力也是幼儿教育的责任和目标。那么，什么样的幼儿教育既适合幼儿的身心发展规律、又是幼儿喜欢的，还能促进幼儿创新意识和能力的发展呢？《规程》提出，幼儿园要"以游戏为基本活动"，《指南》中写道："幼儿的学习是以直接经验为基础，在游戏和日常生活中进行的。"这些能够看出，游戏是幼儿最喜欢、最热爱的活动，也是幼儿最好的学习方式。幼儿在游戏中能自由地玩、开心地玩、尽情地玩，玩出健康、玩出智慧、玩出创新、玩出创造，玩得幼儿像个幼儿！尽管"以游戏为幼儿园的基本活动"的口号喊了若干年，但在很多幼儿园开展游戏仍是一个大难题，要么没有游戏、要么幼儿玩的是假游戏，我园也是一样。所以我们想改变，想让幼儿真正享受到真游戏，想让幼儿做游戏的主人，想让幼儿在游戏中选择玩什么、和谁玩、怎么玩、用什么东西玩，统统按自己的意愿自己做主、自己决定。

我们通过学习，了解到安吉游戏就是一种真游戏，一种真正的自主游戏模式。在安吉游戏中，游戏的所有本质特征——愉悦、自由、自主、创造，都生动地体现着、演绎着幼儿们发自内心的愉悦、自信、主动，他们的自由感、酣畅感、满足感以及在游戏中表现出来的那种能力、智慧和创新创造令人惊叹。在安吉游戏中，教师们观察、发现、了解、支持、回应幼儿，师幼相互感染、共鸣、强化，师幼共生共长，呈现出十分温馨、人性、和谐的氛围。李季湄教授说：安吉所代表的"以游戏为基本活动"的方向乃是中国幼教改革与发展的方向。因此，我园从2021年5月开启了探索真正的自主游戏的征途。

## 一、顶层设计、明确方向

我们从办园理念、教育追求、育人目标、核心价值上重新梳理、重新定位，形成了"嬉游致知、乐健行远"的办园理念，主张幼儿通过游戏获得真知、快乐、健康，助力一生成长，主张教师用专业解读、支持、回应幼儿，促进幼儿自主发展；确立了"真游戏、真生活、真成长"的教育追求，主张让幼儿玩真正的由他们自己做主的游戏，体验游戏的愉悦、自由、自主、创新、创造精神，让幼儿在真实的生活中学会自理生活、自主生活，学会生存，从而促进幼儿在自己的发展频道上收获真正的成长；明确了"育真幼儿"的育人目标，主张我们培养的幼儿应具有自立、自信、专注、勇敢、感恩、创造等品质，具有本真的天性、真实的个性、真诚的态度，能明真理、言真话、乐真乐；形成了"三真"课程体系，以游戏课程为主、生活课程和体验课程相辅的课程体系；我们以"真"为核心价值，通过真游戏、真生活、真活动、真体验、真环境、真学习，达成师幼真成长。

## 二、理论学习、认识游戏

古人讲"知其然知其所以然"，我们既然选择开展自主游戏，教师就必须对自主游戏有全面的认识和了解。我们的培养对象是3—6岁的幼儿，教师必须对这一年龄段的幼儿身心发展特点和规律有全面的了解和掌握。所以我们开始了理论大学习活动，给全园教师和保育员每人购买了两本书，让其用两个月的时间熟读熟记。一本书是《〈3—6岁幼儿学习与发展指南〉解读》，要求所有教师和保育员精读，将《指南》中幼儿的发展目标与教育建议熟记于心，做到心中有目标；同时，为了检验读书效果，我们还组织全体教师闭卷考试，要求人人过关，必须达到80分以上。通过两次考试，全体教师最终于达到要求。

另一本书是《放手游戏　发现幼儿》，要求教师反复读，理解其理论基础，了解其环境、材料与时间支持策略，学习其放手、观察与发现幼儿的智慧，学习其家长工作的有效方法；同时，我们开展了《放手游戏　发现幼儿》读书分享会，要求每位教师谈认识、谈感受、谈思考、谈收获，让每一位教师全面地了解和认识自主游戏。最后是开展培训，邀请专家入园做专题报告，通过专家专题解读、案例分享，让教师们学习自主游戏开展的方式方法以及教师支持策略和材料投放智慧等。同时，让教师看到了幼儿在自主游戏中的欢畅状态和获得的发展，使教师们对自主游戏有了更深入的认识，更加坚定了开展自主游戏的信念与决心。

## 三、优化环境、保障游戏

安吉的自主游戏教育模式是一场把游戏的权利彻底还给幼儿的革命，幼儿园要从多角度保障幼儿游戏的权利。游戏的材料、环境和时间都是幼儿游戏的基本条件，所以我园大刀阔斧地改造环境，创设充满野趣的游戏场。一是把原来的红砖地面游戏区改建成葱绿的天然草地，幼儿在松软的草地上自由地奔跑、开心地打滚，或躺着，或坐着，或三五结群自由玩耍，或趴在草地上寻找草丛中的秘密；二是把狭小的沙池拓宽成可容纳一个班幼儿自由玩耍的场地，幼儿们在沙池里挖河道、建瀑布、修工事、藏宝等玩得不亦乐乎，沙池成了幼儿们争相玩耍的地方；三是把水渠拓宽改建成戏水池，一个班的幼儿可以同时在水池里玩耍，每天水池里热闹非凡，幼儿们有的划着各种材料自制的"小船"，有的忙着沉浮实验，有的压水、取水，各种与水的亲密接触让幼儿们乐此不疲；四是把小山坡增高、增大坡度、增加攀爬难度和趣味性。幼儿们各种奇思妙想的玩法令人叹服，有在小山坡搭帐篷露营的，有利用各种工具滑草的，有搭堡垒玩打仗的，山坡上每天喊声、笑声不断；五是开放大树，我园小山坡上有三颗高低不同的大树，幼儿们可以自由攀爬，每天都有幼儿们利用各种材料和工具挑战大树，或各型木梯，或人梯，或垫子，或凳子，应有尽有，有的幼儿用绳子、轮胎、木棒自制各色秋千，荡得神采飞扬，有的幼儿自制吊床躺在里面惬意地休息。通过改造环境，提供可让幼儿们自由探索的游戏场后，幼儿们带给我们太多的惊喜，他们的合作、友爱、创新、创造、挑战、冒险和坚持让我们感动和叹服，放手游戏后，我们发现幼儿真的太了不起了！

我们在改造户外游戏场的同时也在丰富游戏材料，为幼儿提供了可自由选择的种类众多、数量充足的游戏材料，购买了户外大型积木4500余件，高低、大小不同木梯100余个，木箱、木凳、滚筒、推车共100多件，增加了软梯、竹梯30多个，各型PVC管和各种沙区、水区游戏材料若干，幼儿每天邀约小伙伴，选择自己喜欢的材料尽情搭建、攀爬、跳跃、奔跑，各种创新玩法令人兴奋，活动场每天都是欢乐的海洋。幼儿们的自由酣畅、大胆创新、合作互助、专注坚持令人感动。在户外游戏场地创设的同时，我们也在优化室内游戏天地，一是改建游戏室墙裙，把原来的塑料墙裙更换成吸音板墙面，幼儿们可以将自己的游戏故事、观察记录自主呈现在相应的位置，互相学习、观摩。走进教室，常常看见幼儿们围在墙边一隅，有说有笑、有讲有听。另外，增加了游戏材料的种类和数量，收集了大量的自然材料、益智材料、手部小肌肉发展材料、美工材料、科学实验材料、测量工具等；改变材料存放方式，按种类和功能摆放，让幼儿看得见、拿得到、放得回；撕掉区域标识和规则，不限制玩法，幼儿们可以自由选择材料到喜欢的地方玩耍，每当看见幼儿们戴着木工房的头盔和护目镜在户外搭建高楼，抱着洋娃娃荡秋千，躺在轮胎上滑草，拿着放大镜四处查看，我们不得不感叹幼儿们的游戏能力真的无穷大，幼儿们的世界真美好！

## 四、转变观念、放手游戏

在做好教师培训和游戏环境创造的基础上，我园开始进行自主游戏实践。一是调整课程安排，改变幼儿一日作息时间安排，上午不再有集教活动，全是幼儿自主活动时间。幼儿早上8：10入园，开始自主观察天气和植物生长并做好记录，每个幼儿一个观察记录本，自主取放；9：00—10：30是自主游戏时间，幼儿们自主选择游戏材料、游戏同伴、游戏玩法和游戏时长；游戏结束后是表征游戏——画游戏故事，幼儿们将游戏的内容画出来，这一过程也是幼儿们对游戏的一次回顾和反思，既练习了表征能力又促进了思维的发展；幼儿们在画好游戏故事后自主地将游戏故事讲述给老师听，老师在幼儿的游戏故事画面上做好文字记录。这一过程既是幼儿们对游戏的再一次回顾和反思，也让每个幼儿都有和老师一一对话的机会，既发展了幼儿的口语表达能力和想象能力，又再次促进了幼儿反思和思维能力的发展。二是老师转变观念，放手游戏，发现幼儿。在幼儿自主游戏时，老师管住手、闭上嘴、睁大眼、竖起耳，观察、记录幼儿的游戏行为，做到最大限度地放手，最小限度地介入，不再随意干预幼儿的游戏，让幼儿自由、自主游戏。当幼儿遇到危险的时候老师默默地靠近支持，保护幼儿使其不受到伤害；当幼儿游戏遇到困难并求助时，老师不是直接给予解决问题的办法，而是引导幼儿们想办法自己解决问题；当幼儿因缺乏适宜的游戏材料导致游戏进行不下去的时候，教师悄悄地给予材料支持，将材料放在旁边让幼儿自己寻找、自己发现，使得游戏继续深入。因观念的转变，老师们放手后，我们看见幼儿在游戏中超乎想象的想象力、创新力、解决问题的能力，是成人无法企及的，幼儿真的是成人的老师，成人应该向幼儿学习。三是教师在幼儿生活活动中放手，让幼儿自主取餐、取点心、自主穿脱衣服、自主整理自己的用品，我们看到幼儿的生活自理能力提高了，更加自信了。

## 五、"三级"教研、助力游戏

教研是解决教育教学中问题的最佳途径，我园采用"三级"教研模式，即班级教研、年级教研、园级教研。

班级教研，研究班级游戏材料的投放、游戏进程中材料的适宜支持，研究三位教师在幼儿游戏过程中的合理分工，研究班级环境创设，统一班级的相关约定。

年级教研，各班教师分享并互相学习自主游戏开展的经验，提出各自存在的问题和困惑，大家集体讨论、梳理、聚焦问题，分析问题原因，提出解决办法，集众人智慧攻克难题；同时推选出年级组最具有代表性的游戏案例带到园级交流。

园级教研，一是开展读书分享会，大家共读一本书，提升理论认识；二是开展游戏场材料投放大讨论活动，全园教师集思广益，讨论出每个游戏场地材料投放的最佳方案，及时投放好充足的游戏材料；三是案例研讨，每个年级组提供一个案例全园教师集中研讨，讨论材料提供的科学性、教师支持的适宜性、游戏发展的可能性，帮助其分析游戏中幼儿的行为表现、幼儿的发展，通过头脑风暴在激烈的碰撞中溅出火花，找到多种可行方案供大家选择，然后进行实践，通过"实践—研讨—再实践—再研讨—再实践"的教研模式，提高全园教师解读、支持、回应幼儿游戏的水平，促进幼儿游戏深度发展，提升幼儿游戏水平，让幼儿的创新创造能力进一步展现。

## 六、专家指导、提升游戏

我园在自主游戏实施中聘请成都大学的幼教专家定期入园指导，专家入园通过指导游戏场地布置、环境创设、材料投放，观摩游戏活动、教师座谈、答疑解惑、点评游戏活动、辅导游戏案例梳理方法等方式全方位助力我园自主游戏的开展工作，为我园自主游戏的开展把握方向，提升质量。本学期末，17个班级分别做了游戏案例全园分享工作，教师们专业解读幼儿游戏行为、科学回应幼儿游戏、智慧支持幼儿游戏，生成了多个高质量的精彩游戏案例。例如，小一班的"自行车变小火车"。在四楼果园里，小班的颖颖发现格子小朋友一个人骑不动三轮车，主动帮助他，先是用自己的三轮车在后面推，推不动，然后跑到前面拉，拉动了，但是太累了，她想找一根绳子把格子的三轮车和自己的三轮车连起来，但是到处找不到绳子。这时出现了老师智慧的支持，老师悄悄地将游戏架高处的带绳子的高跷放在地面上，不一会儿，颖颖就发现了高跷，拿来高跷，将绳子一头套在自己的车子上，另一头缠绕在格子的自行车脚的踏板上，颖颖在前面骑车带动格子的自行车，可是脚踏板一转绳子就掉了；颖颖又做调整，将绳子缠绕在格子自行车的龙头上，这下两个自行车都动起来了，因为绳子只是缠绕在格子的车上，一会绳子又掉了；老师再次智慧支持，悄悄找来胶布投放在场地边上，颖颖四处寻找材料，发现了胶布并拿来把绳子粘贴在格子的自行车龙头上，这下两辆自行车连在一起跑起来了，格子欢快的笑声吸引了其他幼儿的注意，纷纷要加入，于是他们找来自行车，在颖颖的帮助下将四个自行车连在一起，一辆小火车开心地在果园里穿行了起来。我们看见了小班的幼儿在游戏中的互帮互助、创新创造、投入坚持以及解决问题的能力，这就是自主游戏带给幼儿的发展、带给成人的惊喜。还有中二班的"趣玩荡绳"，幼儿们由1个人玩的荡绳变到2个人玩，到增加跨栏变成3人玩，变化人的站位后，4人和5人可以同时玩，到再次尝试增加辅助材料，如木棍、塑料棒、矮木梯、人字梯、大人字梯、连接三根荡绳等，经过反复尝试最后用长板凳连接两根荡绳成功地让6人同时站上了荡绳，幼儿们开心极了，体验到了挑战成功的喜悦和激动。我们看见了幼儿们在游戏中直面失败、不放弃、不怕困难、不断创新、勇敢无畏的精神以及解决问题的能力和想象力，真是太棒了！又如大三班的"秋千形成记"，幼儿们在小山坡的大树下玩，突然发现旁边有绳子，于是拿着绳子爬到大树上，把绳子绕过一个大树枝吊下来，尝试利用PVC管、木板、轮胎等不同材料反复调试，自制秋千，并畅玩秋千。这个过程充分展示了幼儿们的动手能力、思维能力、合作能力和超乎成人的想象力，这就是自主游戏的魅力，放手幼儿、成就幼儿。

## 七、家园同步共话游戏

幼儿教育需要家园共育形成合力，才能达到最佳的教育效果，那么，家与园就必须教育理念一致，教育行为同步。在实施自主游戏的过程中，我园也同步开展了家长工作。一是请家长来园体验自主游戏。在2021年春季的家长开放日中，每个班都组织家长体验户外自主游戏，家长们像幼儿一样自主选择游戏材料、游戏伙伴、游戏玩法畅玩游戏，家长们也像幼儿一样玩得开心、玩得痛快，仿佛回到了童年时光。通过参与式体验活动，家长们在感同身受中理解了游戏的价值，理解了自主游戏对幼儿的重要意义，认同了幼儿园的教育理念。二是让家长学习理论。我园给每个幼儿家庭发放了一本精心印制的《指南》，让家长们自由阅读，了解幼儿的学习与发展，提升家长的认识，引导家长采用更加适宜的教育行为。三是开展家长沙龙。每个班组织家长沙龙，请家长回忆童年的游戏，谈对自主游戏的认识和在家如何引导幼儿开展自主游戏，家长们踊跃发言，侃侃而谈，赢得了阵阵掌声。四是开展"游戏故事猜猜猜"活动，每个班级每天在班级群里发布幼儿画的游戏故事，请家长和幼儿一起猜猜画的内容并用文字记录发在群里，让家长读懂幼儿、了解幼儿、以幼儿的视角认同幼儿，同时期末开展评比活动，评出"最懂幼儿奖"。我们以形式多样的活动让家长全方位参与到自主游戏中，认识游戏、体验游戏、支持游戏，家园同步、共同努力创设条件，让幼儿徜徉在游戏中。

近一年的自主游戏开展，我们看见了老师放手游戏后，幼儿在自主游戏中的创新、创造、冒险、挑战、坚持、专注、友爱、合作，他们的反思能力令人惊叹！看见了游戏中幼儿们的酣畅淋漓、自由奔放、喜悦满足，让人感动！看见了幼儿在游戏中发亮的眼睛，听见了幼儿在游戏中肆意的笑声，感受到了幼儿在游戏中的快乐。这才是幼儿该有的样子，这才是幼儿该有的童年，幼儿的天性被游戏点燃、在游戏中绽放！

参考文献：

［1］程学琴.放手游戏　发现幼儿［M］.上海：华东师范大学出版社，2019.

# 游戏课程化主题计划指导策略

四川省乐山市机关幼儿园　王炜娟　郑晓红

幼儿园有丰富多彩的区域游戏，相较集体教育活动，区域游戏具有氛围宽松、材料齐全、活动自主等优势。在游戏课程化理念的带领下，我园在主题计划方面做了更为深入的研究，通过游戏中良好的主题计划驱动游戏的深层次开展。

## 一、规范园所规划，把握宏观调控

### （一）园级区域

**1. OK小镇**

OK小镇是一个与日常教育教学和区域游戏互为渗透、互为丰富、互为延伸的、真实微缩的社会体验混龄游戏，现有23个场馆。在OK小镇活动的开展过程中，我们形成了园所月主题—场馆主题方案—活动情况统计及总结的主题流程。

（1）园所月主题

OK小镇活动每月开展一次，幼儿园结合节日、季节等因素为每个月设置了月主题，以便各个场馆根据该主题开展活动。比如，春季学期小镇月主题如下：

表2-1　月主题活动

| 时间 | 主题 | 备注 |
|---|---|---|
| 3月29日 | 我们是朋友 | |

续表

| 时间 | 主题 | 备注 |
|------|------|------|
| 4月17日 | 春的笑容 | |
| 5月15日 | 会做的事儿真不少 | |
| 6月12日 | 我爱OK小镇 | |
| 9月18日 | 大带小 | |
| 10月16日 | 我爱祖国 | |
| 11月13日 | 美丽的秋天 | |
| 12月4日 | 迎新年 | |
| 1月7日 | 快乐的我们 | |

（2）场馆主题方案

每个小镇场馆根据幼儿园的月主题设计活动方案，包括此次活动特色、义务指导员人数、奖励机制等。

表2-2　乐山市机关幼儿园OK小镇场馆主题方案

| 场馆名称 | 欢欢职介所 | 负责人 | 郑晓红 | 开放时间 | 2021.9.18 |
|---------|-----------|--------|--------|----------|-----------|
| 活动主题 | 同心同乐之"大小欢乐行" | | | | |
| 活动准备 | 工资、活动海报、打工幼儿奖章8个：最具爱心奖2名、优秀职介人2名、最佳沟通奖2名、服务周到奖2名 | | | | |
| 活动内容 | 1. 大带小打工的幼儿中，大的幼儿获得双倍工资；<br>2. 大带小找工作的幼儿，都不收取中介费；<br>3. 打工的幼儿更有丰富奖励等着你来拿哟 | | | | |
| 活动分工 | 打工幼儿分两轮，每轮4名（2名前台、2名职介引路人），一共8名；家长义务指导员2名，一人负责指导前台幼儿，一人负责指导咨询与宣传的幼儿 | | | | |
| 备注 | 打工幼儿奖章8个：最具爱心奖2名、优秀职介人2名、最佳沟通奖2名、服务周到奖2名 | | | | |

（3）活动情况统计及总结

幼儿在自主的混龄游戏中会有不同状态，哪些幼儿游戏的场馆多，哪些幼儿已经没有余额，哪些幼儿学会了存钱等。活动情况统计分析将会对教师的指导起关键作用。例如，大七班小镇情况统计分析如下：

① 大班上期统计

表2-3　大班统计表

| 1. 幼儿参与打工场馆（20个）；<br>2. 无人打工场馆（2个）：月亮超市、OK镇政府 | 打工人次首位场馆：OK警局（67人次）<br>YY研究所（39人次） | 打工人次末位场馆：妙妙水果沙拉（1人次）<br>小鲁班木工坊（1人次） | 打工8次以上：13人<br>打工5~7次：16人<br>打工3~4次：8人<br>打工3次以下：6人 |
| --- | --- | --- | --- |
| 1. 幼儿参与消费场馆（17个）<br>2. 可消费但无幼儿消费场馆：快乐邮局、妙妙水果沙拉 | 可消费场馆人次首位：月亮超市（89人次）<br>哈哈游乐园（40人次） | 可消费场馆人次末位：星星医院（1人次） | 消费8次以上：18人<br>消费5~7次：9人<br>消费3~4次：8人<br>消费3次以下：8人 |
| 存折剩余金额10元以下15人，其中存折结余0元11人，但都余有现金，余现30元以上4人；有存钱行为的幼儿21人，其中存钱两次以上11人，一名幼儿最高存钱次数达6次。 | | | |
| 打工次数/打工场馆数≈1：<br>打工8次以上：4人<br>打工5~7次：7人<br>打工3~4次：2人<br>打工3次以下：6人 | | 消费次数/消费场馆数≈1：<br>消费8次以上：4人<br>消费5~7次：2人<br>消费3~4次：4人<br>消费3次以下：6人 | |

② 与中班下期统计对比分析

大班期间OK小镇开放了两次，此次统计新增了存折结余0元却留有现的金幼儿、打工次数/打工场馆数比例、消费次数/消费场馆数比例、各项人数增减情况等。

在23个打工场馆中有13个场馆打工人数不同程度上升，其中OK警局上升人次最多（36人次），无打工记录场馆下降为2个（月亮超市、OK镇政府）。

在18个可消费场馆中，有14个场馆消费人数不同程度上升，其中月亮超市上升人次最多（26人次），无消费记录场馆下降为2个（妙妙水果沙拉、快乐邮局）。

打工次数、消费次数明显增多，打工场馆、消费场馆范围扩大。打工次数/打工场馆数比例、消费次数/消费场馆数比例偏大（打工、消费次数多，去的场馆却偏少）。

有存钱行为的幼儿上升10人，其中存钱2次以上的上升8人。

存折结余10元以下的人数上升7人，存折结余0元人数上升7人，且余现金额较大（30元以上）的幼儿有4人。

③教师改进措施

重点参观和了解月亮超市、OK镇政府、妙妙水果沙拉、快乐邮局，活动开展时，在征求本班幼儿意愿的同时与以上场馆负责人联系，推动本班幼儿在以上场馆打工和消费。

协调打工、消费次数与场馆数比列，鼓励幼儿每次去不同场馆打工和消费。

如有10元以上剩余现金，尽量存入银行。

根据自身经济状况协调小镇活动时间安排。

提升教师观察、反思和指导的能力，提升小镇活动开展的质量。

## 2. 项目活动

项目活动是OK小镇的延伸和补充，也是我园省级重点课题"幼儿自主学习能力培养实践研究——以项目活动为例"的研究载体，一共有9个项目场馆。主题计划制订以与幼儿的讨论结果或幼儿的生成为主，我们以"主题树"的形式来呈现，在项目活动开展中也有一定的固化主题借鉴。

表2-4　OK小镇9大项目场馆

| | 项目场馆名称 |
|---|---|
| **9大项目** | 建筑区 |
| | 木工坊 |
| | 研究所 |
| | 乐山乐水 |
| | 河畔野趣 |
| | 美景美地 |
| | 陶吧 |
| | 创想屋 |
| | 益智区 |

案例：幼儿生成游戏主题树

嘉定坊是乐山市的标志建筑，幼儿的生活经验让他们对嘉定坊的搭建产生了浓厚的兴趣。在搭建过程中，我们结合嘉定坊的特点，生发了嘉定坊的房子、嘉定坊的塔、嘉定坊的路、嘉定坊的桥四个小主题。

梦想动物园则是一个幼儿讲述去动物园的经历，让其他幼儿产生了共鸣，于是他们一起建构梦想动物园，包含动物园的大门、蛇的家、海洋馆、小猴的家、骆驼的家、小卖部等主题。

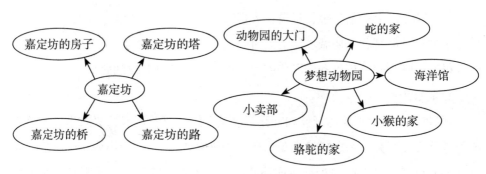

图2-2　主题树结构

项目活动的活动流程按照计划、工作、回顾三个步骤进行，幼儿根据自己的计划开展活动。

固化主题样本：

表2-5　项目活动开展的主题及作用

| 主题 | 作用 |
| --- | --- |
| 设计自己的名字 | 帮助记录 |
| 项目经理竞选 | 帮助管理 |
| 记录本交流 | 帮助幼儿计划制订 |

### 3. 日常场馆

园级区域的日常活动场馆是我们出于充分利用常设场馆的考虑设置的。常设场馆也就是不管我们的活动是否开展，这些场馆都设置在那里，材料陈设在那里，我们在户外活动中也利用常设场馆，以发挥环境最大的作用。

表2-6　乐山市机关幼儿园户外活动安排

| 时间及场馆 | | 星期一 | | 星期二 | | 星期三 | | 星期四 | | 星期五 | |
|---|---|---|---|---|---|---|---|---|---|---|---|
| | | 单周上午 | 双周上午 | 单周上午 | 双周上午 | 单周上午 | 双周上午 | 单周上午 | 双周上午 | 单周上午 | 双周上午 |
| 时间 | | 10:00—10:30　10:30—11:00 | 10:00—10:30　10:30—11:00 | 10:00—10:30　10:30—11:00 | 10:00—10:30　10:30—11:00 | 10:00—10:30　10:30—11:00 | 10:00—10:30　10:30—11:00 | 10:00—10:30　10:30—11:00 | 10:00—10:30　10:30—11:00 | 10:00—10:30　10:30—11:00 | 10:00—10:30　10:30—11:00 |
| 综合体能 | | 中七 | 小一 | 小六 | 中三 | 中三 | 小三 | 中六 | 小五 | 小四 | 大五 |
| 时间 | | 单周上午 10:10—11:00　双周下午 2:40—3:30 | | | | | | | | | |
| 益智区河畔野趣 | | 大六 | 中三 | 小四 | 中三 | 中六 | 大六 | 中六 | 中 | 大四 | 中 |
| 建构区 | | 小二 | 中五 | 大四 | 大四 | 小六 | 大 | 中七 | 大六 | 小 | 大二 |
| 沙水区 | | 大五 | 大三 | 中三 | 中五 | 中 | 大六 | 小二 | 大五 | 大 | 中三 |
| 书吧木工坊 | | 大四 | 中四 | 大一 | 中一 | 中五 | 大三 | 小四 | 中 | 小六 | 中七 |
| 陶艺室 | | 中六 | 小三 | 小四 | 中四 | 小六 | 大一 | 大五 | 中一 | 中三 | 中 |

**4. 运动性活动区**

运动型活动区是通过幼儿粗大动作的自发练习促进幼儿全面发展的活动区域，主要发展幼儿的综合运动能力、运动中的思维发展等，挑战性与安全性是这类活动区指导的根本原则。具体分类有：固定运动器械区、可移动运动器械区、自然游戏区。对户外场地功能区划分可以考虑三大要素：一是发展哪些粗大动作，二是如何提高综合运动能力，三是怎样促进运动中的思维发展。

**（二）班级区域**

《指南》中把幼儿园区域游戏分为运动性活动区、表现性活动区、探索性活动区、欣赏性活动区。我园通过将日常场馆中的户外运动性活动区与班级区域中的表现性活动区、探索性活动区、欣赏性活动区相结合以达到区域设置的科学性、合理性。

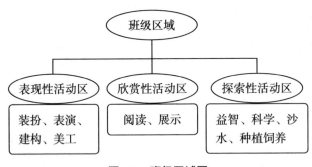

图2-3　班级区域图

**1. 表现性活动区**

表现性活动区是以幼儿已有经验为导向的，通过各种开放性材料的投放，为幼儿提供自我表现与表达的机会。幼儿在这类活动区中会综合运用已有知识表达意愿、展示能力，在充分体现自己天性和潜力的过程中，进行各种创造性的活动。

**2. 欣赏性活动区**

欣赏性活动区的主要活动方式是通过眼、脑进行理解和接受，是幼儿增长见识、获得自主发展的重要区域。

**3. 探索性活动区**

探索性活动区是充满好奇并具有挑战性的，惊奇、疑问、尝试、发现是这类活动的一般过程。如何通过创设环境激发幼儿的认知冲突，让幼儿在不断的尝试错误中建构自己的经验，是教师对这类活动区的主要思考。

## 二、精细班级策划，提供有力支持

### （一）区域版块划分

我园融合班级区域突出表现性、探索性、欣赏性。目前班级区域设置以五大区域划分：玩具区、家庭区、阅读区、积木区、艺术区。并强调教师、幼儿与环境的三方互动，最大限度地发挥环境的作用。

**图2-4　教师、幼儿与环境互动**

### （二）主题预设和生成

冯晓霞教授说："适当引进'主题'，在教学与游戏之间搭桥。"两者的结合是不能统一要求的，而是提供经验，唤起幼儿的兴趣，让幼儿自发地表征与教学主题有关的内容。主题引领的幼儿计划一般是和自由计划同步开展。

这里的主体是班级，教师通过主题或幼儿的生发点确定主题走向。

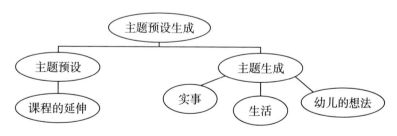

**图2-5　主题预设生成结构图**

比如，班级活动"爱的分享"就是幼儿园社会体验课程OK小镇的主题延伸，是把幼儿在小镇中的体验渗透到幼儿园的一日生活，并使家园联合运用资源，提升幼儿对爱的认知和表达水平的一种主题预设。

从发现小镇程怀瑾的爱的分享行为出发，班级讨论小镇中爱的分享，代入父母，了解父母眼中的爱，教师为幼儿的认知做必要的补充。接下来，幼儿通过生活中爱的分享和家长教师随手拍中记录一日生活状态。最后，在班级分享活动中让幼儿汇总信息，自我加工，形成自己独特的、丰富的爱的分享的认知。

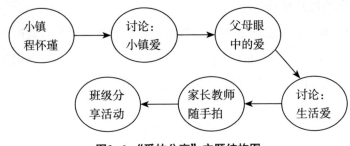

图2-6 "爱的分享"主题结构图

生成，就是幼儿发起、组织、解决问题、继续深入，教师观察、支持幼儿游戏的过程。比如，乐山乐水游戏案例"沙池里的河道工程"就是幼儿在玩沙过程中自主生成的有趣游戏。

幼儿每一次游戏的进步，都是在发现问题、解决问题的过程带来的，教师在活动前、活动中、活动后的观察、指导起到支持幼儿和推进游戏的作用。

表2-7 幼儿的游戏阶段（挖河）

| 发现的问题 | 原因 | 解决的办法 | 教师指导策略 |
|---|---|---|---|
| 岸上的沙子容易滑落，河梯容易垮 | 1. 小朋友走过去的时候容易踩塌；<br>2. 加水时水倒在河梯上就会把沙冲下去 | 1. 将沙拍紧；<br>2. 给河梯堡坎 | 1. 引导幼儿想外面河道上是怎么处理的；<br>2. 回忆建城堡时用的什么方法让沙变紧；<br>3. 可以用什么美观的方法堡坎；<br>4. 带领幼儿去河畔野趣采集石头 |
| 水运送过来有困难 | 1. 水管在水池对岸，离我们的河有点远；<br>2. 水接满了再运过来的时候会洒出来，容易把衣服打湿 | 1. 将水管架过水池，架到河面上；<br>2. 直接从水龙头往水管中加水 | 提供材料支持，带领构建水管的幼儿一起想办法为河引水 |

## 三、鼓励幼儿计划，丰富游戏课程化

幼儿计划，指幼儿能够根据自己的想法顺利进行游戏，或者通过自己想办法、教师引导等方式突破瓶颈继续游戏，进而表现出创新思维和创新成品的过程。计划的主体是幼儿，无论是主题引领还是自由计划，都是幼儿自主思考的结果。

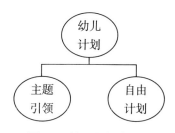

**图2-7　幼儿创新的过程**

例如，主题引领下，课程与区域游戏的有效衔接。

整合课程大班上期主题：

1. 牙齿咔咔咔（艺术区、科学区）

2. 符号会说话（书籍、体育运动）

3. 地球小卫士（手工、自然角）

4. 相反国（表演、语言）

5. 红红的新年（装饰教室、做美食）

幼儿自由计划部分需要教师不断捕捉和给予支持，教师的信息反馈得越好，给予的支持越多，幼儿自由计划的完成度越高，游戏进行的深度越深。

例如，大班生成活动"走，摆摊去"就是幼儿自主规划完成的游戏课程。

大班生成游戏"走，摆摊去"。

1. 班级区域的售卖行为

2. 售卖遇到瓶颈

3. 全班组织摆摊

4. 解决班级摆摊带来的问题

5. 邀请老师及其他班级同学参加摆摊

在游戏课程化的实践过程中，我们感受到了游戏与课程之间的密切联系，也体会到游戏课程化给幼儿学习与发展带来的裨益。我们将坚持游戏课程化的方向，并深入游戏课程化的研究，不断优化主题计划的策略，让幼儿成长、教师提升、幼儿园发展相互促进、多向共赢。

**参考文献：**

［1］李季湄，冯晓霞.《3-6岁幼儿学习与发展指南》解读［M］.北京：人民教育出版社，2013.

［2］陈帼眉.幼儿教育心理学［M］.北京：北京师范大学出版社，2007.

［3］孙婉贞.游戏课程化背景下的问题解决支持策略［J］.幼儿教育研究，2021（4）：43-45.

［4］路磊.幼儿园游戏课程化的策略研究［J］.基础教育论坛，2021（19）：69-70.

［5］韩春红.从后现代课程看游戏课程化［J］.幼儿教育（教育科学），2020（6）：3-6，35.

# 幼儿自主管理游戏材料的策略

四川省遂宁市河东实验幼儿园　尹 艳

幼儿园在开展班级区域活动或全园混龄游戏中经常会有这样的镜头：幼儿活动结束把材料随手一扔就离开活动现场，教师需要帮幼儿收拾整理活动现场，还有的是幼儿虽然能在游戏后将材料放回玩具架，但不能将材料放在规定的地方。游戏材料较庞杂的如建构区域，在没有教师或父母的帮助下，幼儿在面对形状、材质、大小、用途各异的材料显得束手无策。在各类需要游戏材料辅助的游戏中，幼儿能将材料摆放整齐，但缺乏分类意识。每一次活动结束后，如果都由教师或家长来进行材料的分门别类整理工作，既增加了教师和家长的工作量，也没有实现"提供有利于生活自理能力的条件，让幼儿收拾和存放自己的玩具、图书或生活用品"这一目的，也等于剥夺了幼儿体验、操作、感知获得成长的机会。

如果有让幼儿一目了然的标识提示幼儿在游戏中按需取放材料，并用特定的标识去帮助幼儿自主管理游戏材料，是否可以满足幼儿发展需求，为幼儿发展创造机会和条件，科学地实施游戏课程呢？

遂宁市河东实验幼儿园是一所践行生活体验教育理念的幼儿园，我们一直秉持"为生活而教育，用生活去教育"的观念，坚持幼儿在游戏中的主体地位，以游戏为幼儿的基本活动。下面我们谈一谈我园的幼儿自主管理游戏材料的实施策略。

# 一、为什么要让幼儿自主管理游戏材料

## （一）基于对提升幼儿游戏水平及教师游戏指导策略的考量

《规程》中指出，"游戏是幼儿园的基本活动"，游戏活动是幼儿主体性发挥的重要途径。而游戏活动的质量最大限度地取决于游戏材料，游戏材料作为幼儿园教学、活动必不可少的物质载体，是幼儿进行游戏活动的支柱，是丰富幼儿游戏内容和形式的前提，也是激发幼儿游戏动机和构思、引发幼儿游戏创想和行动的载体，是游戏活动正常开展不可缺少的物质条件，对幼儿自主学习和全面发展具有极其重要的价值。

我们着力于以幼儿对游戏材料的认识、了解、操作、探索、管理以及情感体验等过程，对幼儿游戏和游戏材料进行研究，掌握幼儿游戏行为、参与态度和情感体验的现象和规律。教师在研究中激发幼儿自主管理的热情和兴趣，观察幼儿在活动中的行为，解读幼儿的游戏行为，并给出正确的指导策略，以更好地指导幼儿游戏，创设高品质的"真游戏"。

## （二）基于幼儿全面、和谐、可持续发展的需要

幼儿自主管理是一种强调幼儿积极主动参与的管理模式，通过自我管理培养幼儿良好的生活自理能力，促进幼儿良好行为习惯的养成，提高幼儿自我服务意识和能力，促进幼儿社会性能力的发展。自主管理能力的培养符合终身可持续发展的需求。

我国教育家陶行知先生认为："生活、工作、学习倘使都能自动，则教育之收效定能事半功倍。所以我们特别注意自动力之培养，使它关注于全部的生活工作学习之中。"《指南》在五大领域的目标陈述中多次提到"自主管理"的相关内容，例如：健康领域中"生活习惯与生活能力"要求具有良好的生活与卫生习惯、基本的生活自理能力。在社会领域中，遵守基本的行为规范，要求能"理解规则"，幼儿的所有管理符号的制定和使用都是与同伴协商制定好游戏活动规则的结果；在科学领域中，利用身边的物品和材料开展活动，并用符号进行管理。本课题的研究旨在依托课题的实施，解决材料整理、管理老大难问题，并借此提升幼儿的自动力、生活力、创造力。

## 二、幼儿自主管理游戏材料的实践意义

幼儿自主管理游戏材料的活动设计及实施、多重策略的梳理，有利于改变幼儿园原有的教育活动设计、组织方式，将幼儿园的活动设计、组织方式转变为"为生活而教育，用生活去教育"的设计、组织方式；有利于解决幼儿园游戏材料整理、管理老大难问题。对幼儿园教育内涵和质量的提升具有很重要的意义。同时，开展幼儿自主管理游戏材料提升了教师观察并读懂幼儿的能力，并将"为生活而教育，用生活去教育"的教育理念落实到教师的实践行为中。

教师通过巧妙地设计各区域活动，并通过控制区域材料的投放来引导幼儿活动，让幼儿在活动中与材料互动。幼儿则通过自主选择活动区域，自由选择材料，自由动手操作，在与材料的相互作用中获得知识经验。幼儿在活动中探索材料的丰富性、活动内容的生动性，激发幼儿探究兴趣、体验探究过程、发展的探究欲望。教师利用提供的材料，鼓励进行观察，鼓励幼儿用图画、符号、数字、图表等方式记录探究和发现，满足幼儿的学习需要并促进幼儿发展。

## 三、幼儿自主管理游戏材料的具体做法

### （一）幼儿自主管理游戏材料的目标和内容

**1. 活动目标**

（1）培养幼儿自主管理游戏材料的意识，促进幼儿让游戏材料"回家"习惯的养成，提升幼儿自我管理、自我服务的能力。

（2）抓好教师队伍和幼儿家长队伍建设，进一步提升教师的专业能力及家长的育儿能力，推动家园共育工作再上新台阶。

（3）进一步优化幼儿园后勤物资管理，提升幼儿园材料物品使用效益。

**2. 活动内容**

（1）班级区角游戏、园级混龄游戏、户外功能区中，幼儿自主管理游戏材料进行实践探索。

（2）幼儿自主管理能力在一日生活各个活动中的渗透。

（3）教师在幼儿自主管理游戏材料中的指导策略。

（4）家长培养幼儿自主管理能力的个案研究。

### （二）幼儿自主管理游戏材料的策略

**1. 运用管理标识进行管理，让幼儿通过明确、指向性强的标识进行一目了然的管理**

在幼儿自主管理游戏材料的过程中多以颜色、幼儿头像寸照、几何图形、材料照片、幼儿学号（数字）、幼儿姓名、图片配对、幼儿设计的独特符号或图画等作为标识。随着对管理材料的深入认识，管理标识也发生变化，下图是各年龄段管理标识的统计与变化。

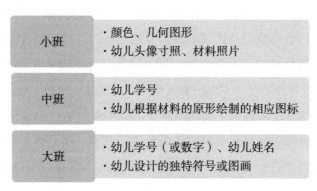

图2-8 各年龄段管理标识的统计与变化

**2. 使用自制表册记录管理过程，让管理有章可循**

在幼儿自主管理过程中，幼儿们会对材料的清洁清理、整理摆放、损坏修补、增减等进行记录，幼儿可根据记录情况做下一步的材料计划、投放和整理。根据幼儿的年龄特点和能力水平，不同年龄段的幼儿管理记录册会有所变化，下图是各年龄段表册记录的统计和变化。

图2-9 各年龄段表册记录的统计和变化

**3. 从定人定点定材料的"包干到户"管理方式，到小组合作、组长责任制的管理方式，再到幼儿自主认领游戏材料的管理方式的转变**

在实践中，幼儿自主管理意识逐渐提高，根据幼儿的管理能力和管理水平，自主管理的方式也有所变化，下图是各年龄段幼儿自主管理游戏材料的方式的转变和统计。

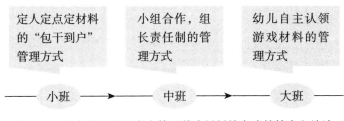

图2-10　各年龄段幼儿自主管理游戏材料的方式的转变和统计

（1）周期性轮流交替进行管理，拓宽管理区域，解读他人的管理符号。

为提升管理能力，提高管理水平，在管理的过程中可以月或主题活动的开展为周期，开展轮流交替管理的活动，在拓宽幼儿自主管理的基础上，让幼儿通过解读他人的管理符号，探索不同区域游戏材料的自主管理。

（2）对特殊材料进行专门的管理。

幼儿园班级活动中，经常会根据主题活动或教学活动的需要临时采购或请家长准备一些材料，如纸箱、奶粉罐、树枝等特殊材料在班级活动的使用中具有一定的时效性，一般在活动结束后就不会继续使用，同时，这些材料在收纳上也具有一定的特殊性，往往因为体积大等原因不能装进班级材料篮，更不能放进班级区角柜。针对这一类型的材料，幼儿在自主管理的过程中，一般会在班级活动室内或班级外楼道设立专门的特殊材料存放区域，并对这一类型的材料进行清洁清理、整理摆放、数量清点与增减、使用、管理记录等自主管理。

**（三）教师在幼儿自主管理游戏材料中的指导策略**

**1. 制订班级幼儿自主管理游戏材料的计划**

课题组会定期组织开展课题专题研讨活动，了解课题研究新成果、新动向，在此基础上，每学期初，结合各年龄段的操作目标和班级情况，制订班级幼儿自主管理游戏材料的计划，让家长和幼儿了解计划，并按计划组织幼儿开展游戏材料的自主管理。教师、幼儿共同规划班级区域、计划班级区域游戏材料、收集班级区域游戏材料，实施班级区域游戏材料的幼儿自主管理。

**2. 制定班级幼儿自主管理游戏材料的管理公约**

通过班级专题集教活动、谈话活动等方式，师幼共同制订班级幼儿自主管理游戏材料的管理公约，让幼儿明确自己有管理各种材料的责任，树立自己的事情自己做的责任意识，而不是靠教师分派任务或保育教师帮忙。把教师的要求逐渐转化为幼儿的自我需求，从"你要怎样做"到"我要怎样做"，从"他律"走向"自律"，从"自律"形成"自主"，从"自主"到形成良好的自我意识和习惯。明确管理任务，让幼儿通过参与各种活动，在活动中安全、有序地使用游戏材料，学会科学合理使用与整理、物品摆放规范、按图表要求或记号对应各类物品，并用图画、符号、数字、图表等方式记录、探究和发现，根据记录情况及时补充或修补游戏材料。

（1）制定幼儿轮流管理记录表。

涉及有轮流管理区域的班级或大区域，制定幼儿轮流管理记录表，让教师和幼儿都能做到心中有数，并按照安排表开展自主管理。

（2）多渠道培养家长指导幼儿自主管理能力的意识。

①让家长和幼儿一起设计管理标识。

管理标识的有效运用对幼儿能否很好地开展游戏材料的自主管理活动起到决定性的作用，所以管理标识的设计就显得尤为重要，而我们的家长来自各行各业，他们智慧无穷，往往能设计出各种各样有趣又有效的管理标识，从而成为幼儿自主管理游戏材料的实施者。

②让家长参与到幼儿的共同管理中来。

利用幼儿入园和离园时段，组织来园接送幼儿的家长轮流参与到幼儿在园期间自主管理游戏材料的区域，共同管理区域内的材料，家长成为幼儿自主管理游戏材料的指导者。

③让家庭成为幼儿自主管理游戏材料的第二阵地。

通过布置亲子任务，开展打卡活动等，让家长在家里也引导幼儿进行家庭物品材料的自主管理，从一个区域或一个房间开始，逐渐拓展到多个区域或多个房间；从管理自己的玩具开始，逐渐拓展到管理自己的个人物品，甚至是家庭物品的管理。让幼儿自主进行整理和管理，将幼儿自主管理游戏材料的场所从幼儿园有效迁移到家庭等幼儿生活和学习的其他区域，让幼儿园教育辐射家庭教育，使家庭成为幼儿自主管理游戏材料的第二阵地以及幼儿在园自主管理游戏材料效果的检验地，使家长成为幼儿自主管理游戏材料的评价者、监督者和受益者。

（3）分批、分时段开展幼儿自主管理游戏材料活动。

我园班额大，班级人数多，幼儿活动室面积有限，每次游戏活动结束后统一开展幼儿自主管理游戏材料活动，幼儿集体参与游戏材料的收纳、清洁、整理等活动时，常常出现拥挤、混乱的现象。为解决这一问题，我们在实施过程中通过分男女、分组等方式让幼儿分批、分时段进行游戏材料的自主管理。并在管理的过程中形成了"三检"制度，即早检、午检、晚检。幼儿会主动检查自己管理的材料并记录，教师鼓励幼儿利用过渡环节、等待时间去完成力所能及的管理，做到对幼儿自主管理游戏材料时间的合理安排。

**3. 完善评价体系，形成监督机制**

在实施过程中，我们常常发现幼儿会跑来向老师告状："某某的游戏材料管理得不整齐……""某某的记录表没有填写……"这其实是幼儿在自主管理游戏材料的过程中的相互监督和评价。为利于幼儿交流管理经验，提升管理效果，我们逐渐完善评价体系，从评价幼儿的活动、评价活动材料、评价活动中的幼儿出发，制定相关性价表；同时，评价家长参与游戏材料管理的效果以及教师在活动中的指导策略；形成了教师评价、家长评价、幼儿相互评价和自我评价的多维评价主体共同参与的评价方式。幼儿从开始的个体整理到合作再到形成监督机制，最后评论管理生效，形成了完备的监督机制。

**4. 大胆放手，赋权于幼儿**

教师要大胆放手，引导幼儿自主计划材料、投放材料、使用材料、整理材料，让幼儿自主管理贯穿材料管理的整个过程，真正赋权于幼儿，让幼儿做到自主管理。

**5. 实时调整，按时总结**

在实施幼儿自主管理游戏材料的过程中，根据具体实施情况，及时调整并按时总结，逐渐梳理出符合本班幼儿自主管理游戏材料特点的方法。

**（四）家长在幼儿自主管理游戏材料活动中的指导策略**

**1. 家长对幼儿自主管理游戏材料活动的线上指导**

受新冠疫情影响，家长不能到园参与幼儿在园的自主管理游戏材料活动，可调整为家长对幼儿自主管理游戏材料活动的线上指导，并借助网络等电子媒体实现。

**2. 家长与教师达成一致，形成家园合力**

家长和教师共同协商幼儿自主管理游戏材料的指导方法和策略，并达成一致，对幼儿在家里和幼儿园的要求和实施进度都保持一致，形成强有力的家园合力。

**3. 在家里为幼儿的游戏材料和物品等安排专门的区域**

幼儿的玩具、绘本、个人物品等较多，可为幼儿划分专门的区域，分别收纳玩具、绘本、衣物等物品，让幼儿明确自己管理的区域、区域的位置以及区域内的材料物品。

**4. 将家里的游戏材料和物品参照幼儿园分类收纳的方式进行摆放整理**

幼儿在幼儿园玩了玩具后能自主地将玩具等游戏材料收拾并管理得很好，在家里玩了玩具后却不能收拾并管理，即使是家长要求，幼儿还是不能很好地自主管理，很大一部分原因是家里的管理方式和幼儿园的管理方式不一样，没有收纳柜、收纳篮等能让幼儿分类进行管理的管理工具，因此，在家里也可以为幼儿提供一些必要的分类收纳整理的管理工具，并运用相关管理标识，以便幼儿能够较好地实施自主管理。

**5. 借助于绘本、故事等对幼儿进行自主管理教育**

目前，市面上的幼儿绘本和故事多而齐全，例如：《玩具太多了》《车子不见了》等绘本和故事，内容主要以引导幼儿进行自主管理为主，家长可借助这些绘本和故事对幼儿进行潜移默化的教育，培养幼儿自主管理的意识。

**6. 定期召开家庭会议，商讨家庭材料物品的自主管理**

组织家庭成员适时召开家庭会议，商讨家庭材料物品的自主管理办法，讨论如何分类、怎样做好整理、清洁等管理，形成家庭材料物品自主管理实施方案。

**7. 开展各类自主管理活动，调动幼儿自主管理的积极性**

通过组织全体家庭成员开展"整理小能手"比赛、评选，以及"我是小管家"等多种活动调动幼儿自主管理的积极性，在整个过程中，家长以身作则，起好示范、带头作用。

**（五）建构了幼儿园"幼儿自主管理游戏材料"的基本实施框架**

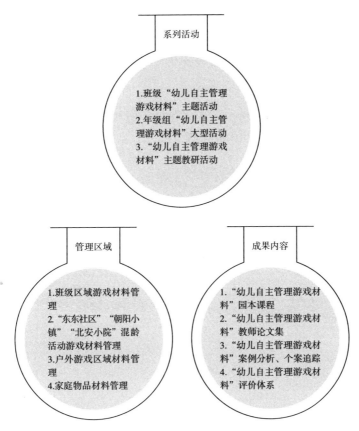

系列活动

1.班级"幼儿自主管理游戏材料"主题活动
2.年级组"幼儿自主管理游戏材料"大型活动
3."幼儿自主管理游戏材料"主题教研活动

管理区域

1.班级区域游戏材料管理
2."东东社区""朝阳小镇""北安小院"混龄活动游戏材料管理
3.户外游戏区域材料管理
4.家庭物品材料管理

成果内容

1."幼儿自主管理游戏材料"园本课程
2."幼儿自主管理游戏材料"教师论文集
3."幼儿自主管理游戏材料"案例分析、个案追踪
4."幼儿自主管理游戏材料"评价体系

**图2-11 "幼儿自主管理游戏材料"框架图**

对幼儿来说，通过自主管理游戏材料，最大限度地满足了其直接感知、实际操作和获得亲身体验的要求，树立了自主管理的意识，掌握了自主管理的方法，解决问题的能力也得到了锻炼和提升。这些都是幼儿在自主管理游戏材料过程中的变化和成长。这些变化和成长，会让他们受益终身，总的来说，让幼儿园的幼儿养成整理东西的习惯，远比让他们早识字强。

对于教师来说，应善于发现幼儿们的闪光点，坚持正面激励导向，激发幼儿自主管理的热情与兴趣，观察幼儿在自主管理中的行为，并做出正确的指导。这样，教师观察幼儿、观察游戏的能力也得到了不断提升，在不断地评价、反思中也提升了幼儿自主管理游戏材料的指导策略的水平。同时，教师的研究水平得到了提高，促进了教师专业水平的提升。

对于家长来说，通过参与幼儿园的课题实施，不仅了解了家园合作的重要性，更明确了自主管理能力的培养在幼儿成长中的重要价值，从而提升了育儿能力，也促进了育儿观念的转变。

对于幼儿园来说，幼儿自主管理游戏材料活动的有效实施，使幼儿园后勤资源得到了有效利用，达到了资源的优化配置。幼儿的变化与成长、教师的专业提升、家园共育的有效开展等都是我们推动幼儿自主管理游戏材料的效益所在，在这个过程中，幼儿园的内涵得到了提升、品质得到了发展。

# 课程游戏化背景下幼儿园生活活动的误区与优化

四川省遂宁市船山区顺城街幼儿园 翟 英

## 一、课程游戏化简析

从古至今，众多学者对"什么是课程"提出了各种各样的见解。然而，对于幼儿园课程大家都一致认为：幼儿能够接触到的一切，包括周围环境、课堂教学、人际互动等都是幼儿园课程的应有之义，幼儿在幼儿园中所从事的一切活动都属于课程范围。因此，除了学者们聚焦的游戏活动和教学活动之外，幼儿园的生活活动也是幼儿园课程的重要内容，生活活动的安排组织也应该符合幼儿园课程的要求，即游戏化。

《规程》中指出：游戏是幼儿园的基本活动。游戏的基本特征适应幼儿的身心发展规律，迎合了幼儿的学习方式，满足了幼儿的好奇心和探索欲。因此，幼儿教师应以游戏为中心，借助游戏的力量开展课程，顺应课程游戏化发展的潮流。一般来说，课程游戏化是使幼儿园课程更贴近生活、更生动、更有趣、更多样化的活动形式。需要注意的是，课程游戏化不是把所有的幼儿园活动都变成游戏，或都以游戏的形式开展，而是保证基本的游戏时间。更重要的是，把游戏的理念、游戏的精神渗透在课程实施的各种活动中。

综上所述，生活活动作为幼儿园课程的重要组成部分，可以引导幼儿养成良好的行为习惯和卫生习惯。为了更好地发挥其价值，教师在组织安排生活活动时应该遵循游戏的本质内涵，即自由化、趣味化、个性化，并与其他活动相联系。因此，现实幼儿园中的生活活动还需要进一步优化。

## 二、课程游戏化背景下幼儿园生活活动存在的误区

### （一）时间：死板教条，单调重复，缺乏自由性

研究者以课程游戏化的视角审视幼儿园生活活动发现，较多幼儿园的生活活动存在着时间安排死板强硬、缺乏弹性和自由的现象，主要表现在两个方面。

首先，生活活动的时间呈现出碎片化的特点，时间长度被固定且与其他环节之间的过渡强硬、缺乏弹性。

幼儿园生活活动贯穿于幼儿的一日生活，主要包括盥洗、午睡、进餐等环节且与游戏活动、教学活动交叉进行。为了不影响其他环节，幼儿教师常常一丝不苟地执行日程安排却忽视幼儿的实际需求。

例如，幼儿园的午餐时间一般用时25～30分钟，接着教师需要带领幼儿到操场上散步或者进行区域游戏。部分幼儿可以在规定时间内完成进餐，但部分吃饭速度慢的幼儿每天都是被教师催促甚至责怪："每天都是你最慢""你快点，我们所有人都在等你""你又在浪费我们的时间啦"。因此，吃饭速度慢的幼儿使劲地往嘴里扒拉饭，一边吃一边去放餐盘，很容易被噎住，也不利于消化。有的幼儿甚至以少吃、吃不饱的策略来跟上集体的节奏。

以上现象在幼儿园的生活活动中屡见不鲜。幼儿教师常常采用硬性的时间管理策略，利用排队结合催促的方式保证个别生活活动不影响其他环节。如此的管理策略既不利于幼儿的身心健康，又破坏了幼儿的愉悦心情。

其次，每日的生活活动时间简单重复、缺乏弹性。班级的一日活动安排表大致规定了每个环节的时间长度，幼儿教师可根据班级实际情况随时进行调整。因此，生活活动每个环节的时长应是可变的、灵活的。但实际生活中，幼儿教师将安排表奉为"圣旨"，认为其不可挑战。

例如，班级每天的午餐都不一样，有的比较日常，如蔬菜、肉末等，但有时也会吃鱼这类需要仔细咀嚼的食物。有的幼儿园周五或周三还会给幼儿安排特别受欢迎的自助餐。但教师仍然以相同的时间来管理班级，缺乏灵活性和弹性，有悖于游戏化的内涵。

## （二）内容：整齐统一，枯燥无味，缺乏趣味性

幼儿的生活活动环节会涉及很多自我服务项目和生活技能，如穿衣、穿鞋、脱袜、如厕、洗手等。这些活动大都枯燥乏味，单调无趣，幼儿经常应付了事，做做样子。例如，很多教师反映"有些小朋友就是不喜欢洗手，要么需要老师盯着他，提醒他，要么就是把手伸到水龙头下面，一秒钟就洗好了……"小朋友也认为"洗手太无聊了吧，太浪费时间了吧，我还想去玩游戏呢！"

除此之外，幼儿园生活活动中还常常出现整齐划一、教师要求绝对统一化的现象，即以同样的标准要求每一位幼儿，这无疑降低了活动的趣味性和愉悦性。幼儿园的午睡环节通常为2个小时甚至更长。很多幼儿因为生活习惯问题入睡晚或睡不着，这也是让幼儿教师头疼的问题。为了给其他幼儿营造安静的午睡环境，教师不得不暴力地告诉幼儿"睡不着也把眼睛给我闭着""谁要是再翻来翻去就不要再睡了""今天中午谁要是睡不着，明天中午你就到隔壁班去"。以上做法不仅不会达到预期的目的，还会让幼儿更加讨厌午睡，畏惧午睡。

通常，教师会在点心环节之前按统一标准为幼儿分好餐食。这本来是为幼儿提供均衡的营养，但许多教师却把它当成了幼儿的任务，让幼儿必须吃完。因此，那些食量小或者在家里面吃得很饱的幼儿都是带着任务进入点心环节中的，一直担心自己吃不完被老师批评，甚至吃饱了也要撑着吃完。

## （三）联动：单独分裂，脱离其他活动，缺乏联系性

生活活动是幼儿园课程的重要内容，理应与幼儿园的其他活动相联系，相整合。但现实生活中，生活活动常常是一个孤岛。幼儿教师将大量的精力聚焦在游戏活动与教学活动的联动，常常忽略生活活动中的教育价值也可以在游戏与教学活动中得到升华；游戏与教学活动也可以让生活活动更有趣，甚至可以为教师减轻工作负担和压力。

一方面，教师忽视了生活活动中的教育契机，忽视了重要的教学内容。餐后散步环节中，小朋友经常会被周围的环境吸引。例如，他们经常不约而同地蹲下来观看蚂蚁，并提出一系列问题："他们为什么要搬家？""蚂蚁有眼睛吗？""蚂蚁为什么可以搬动那么大的东西呀？"……幼儿上下楼梯经常互相

推搡，你争我赶，安全得不到保障。午餐环节，小朋友不喜欢吃蔬菜，或者只偏爱一种食物……以上的所有现象皆为教师开展五大领域的教学活动提供了契机，但现实生活中较少有教师发现，只是当场提醒一下便结束了。

另一方面，教师也经常忽视其他活动对生活活动的负面作用。疫情后开园，许多班级开展了关于疫情的来源、防护等教学活动，并在区域活动中创设了医院情景，小朋友可扮演医生或患者。但是生活活动还是和疫情之前一样没有任何变化。这无疑是生活活动和教学与游戏活动的严重脱节。

## 三、课程游戏化背景下幼儿园生活活动的优化

### （一）时间：灵活调整，应时而变

蒙台梭利主张：幼儿是有着内在的准确的时间表的人。幼儿的内在时间决定着自己的生长速度和发展过程。而外界为幼儿规定的时间只能通过内在时间发挥作用。当外在时间与内在时间相悖时，幼儿的发展将会受到阻碍。而在现实生活中，幼儿喜欢随心所欲，一切活动的延续和转移都没有固定的、规律性的外在时间表可以遵循，而是完全遵照自身内在的体验。因此，教师在生活活动中应尊重幼儿的内在时间表，以幼儿的实际表现为依据调整生活活动的时间长度。主要有以下几点：

第一，相比催促、勒令等强制性的策略而言，教师可用舒缓的音乐等作为过渡提醒。从言语沟通的视角来看，教师为赶时间而对幼儿使用的催促、勒令性言语已经属于言语暴力的范畴。这会严重伤害幼儿的身体和精神健康，打击幼儿的自信心，影响幼儿的人际关系。因此，教师可用舒缓的音乐代替言语催促，如教师可在幼儿午睡前的准备活动中播放《小夜曲》《梦幻曲》等音乐；可在午餐快结束时播放《三只小熊》《雪天使》等歌曲。

一方面，音乐和谐的旋律和优美的歌词，既可营造温馨浪漫的氛围，又可以帮助幼儿形成愉悦舒适的心理情感。另一方面，幼儿音乐一般具有3~4分钟的时长，给予了幼儿很大的自由度和弹性。音乐响起，幼儿就有了心理准备，可根据自己的速度安排自己的活动。速度快的幼儿可进入下一个环节，速度慢的幼儿也可以在这一首歌的时间里适当加快速度。

第二，班级教师可合理分工，分批次照顾不同进度的幼儿。在生活环节

中，教师们可以根据班级幼儿的情况将幼儿分为不同的批次，由不同的教师负责照顾。这样可以兼顾不同进度、不同特点的幼儿。

很多班级教师会采用轮流制开展活动，如主班教师负责组织上午的活动，副班教师负责下午的活动。这样的制度可以为教师节省时间和精力，但一位教师组织一切事务难免会出现纰漏或不足，例如盥洗环节，一部分幼儿已经进入活动区域，一部分还在上厕所，这样教师就会出现视角盲区，出于安全考虑，教师难免出现催促等行为。因此，班级教师可分工合作，一位教师可组织已经盥洗好的幼儿进行游戏，一位教师可继续耐心等待未完成的幼儿，这样可让幼儿心情愉悦地、有条不紊地进行活动。

第三，教师可与幼儿共同制定生活活动环节的时长。为防止幼儿的内在时间与外在时间相违背，教师可以邀请幼儿一起商定班级生活活动中每个环节需要的时长。譬如，大班幼儿上厕所，喝水的速度比较快，那么就可以将更多的时间分到其他环节，如起床环节，这样幼儿叠被子、穿鞋袜就不至于太慌乱。当然，每个班级的情况各不相同，教师可利用谈话活动与幼儿一起商量制定适合本班的活动安排表。

**（二）内容：因人而异，形象生动**

《纲要》提出："幼儿园教育应尊重幼儿的人格和权利，尊重幼儿的身心发展的规律和学习特点……关注个别差异，促进每个幼儿富有个性的发展。"由于家庭背景、生活习惯以及兴趣爱好的不同，班级中的每一个幼儿都是独特的个体，都是与众不同的存在。教育不是工厂，幼儿不是产品，教育的目的不是把他们培养为一模一样的人，而是尊重个性，让每个幼儿的个性得到发展。因此，幼儿教师最基本的底线便是尊重每个幼儿与众不同的特点，并保护他们。幼儿教师在生活活动中也必须坚守这一底线，对不同的幼儿给予不同的教育方式。只有这样才能让幼儿在生活活动中体验到像做游戏那样的愉悦和趣味。可以从以下两方面着手：

一方面，幼儿教师在组织生活活动时可以结合每个幼儿的背景，从而采取柔性的管理策略，做到趣味化和人性化。譬如点心环节，幼儿教师可以在幼儿入园时询问家长和小朋友是否吃过早餐，如果已经吃过，教师则可为幼儿减少餐量，如果没有则可按标准进行。如果在午睡环节遇到一直不睡或者入睡晚的幼儿，教师则需要咨询家长，幼儿在家是否有午睡习惯，从而采取后续措施。如果幼儿在家也没有午睡习惯，那么教师可以将幼儿的床铺安排在离自己近的位置，让幼儿选一本自己喜欢的绘本阅读。对于入睡晚的幼儿，教师不必强制性地让幼儿闭眼，只要不打扰其他幼儿就可让其按照自己的节奏入睡。

另一方面，教师需要采用多种多样的方式让生活活动像游戏活动那样更富有趣味性，更具有吸引力。首先，发挥故事的力量。教师可以在餐后为幼儿讲述《小狗寻宝记》的故事，让无趣的餐后散步变成一场神奇的寻宝之旅；在洗手时为幼儿讲述《我爱洗手，细菌赶走》的故事，将日常的洗手环节变为刺激的病毒大作战。其次，发挥儿歌的力量。生活活动大都无趣，但教师可通过顺口溜、儿歌让其具有趣味。《洗手儿歌》让盥洗环节充满趣味；《进餐歌》让午餐环节更愉悦；《饭后散步歌》不仅可以让幼儿明白饭后散步的好处，还可以模仿小猫、螃蟹走路的姿势，增强本环节的乐趣。最后，发挥游戏的力量。游戏对幼儿具有莫大的吸引力，教师完全可以将生活活动游戏化。例如，在入园环节中，师幼只是简单地口头问好，这对提高小朋友的积极性几乎没有帮助。因此，教师可以将入园环节变成小游戏。教师提前一天告诉小朋友，明天早上大家可以用不同的方式和自己打招呼，可以击掌，可以鞠躬，可以碰一下头，可以拥抱等，小朋友选一个自己最喜欢的方式来和老师打招呼，看看谁的方式最特别。

### （三）联动：多元整合，互相推动

《指南》指出：幼儿的发展是一个整体，要注重领域之间、目标之间的相互渗透和整合，促进幼儿身心全面协调发展。整合的课程观已经成为幼教界的大趋势。幼儿园开展的活动应该相互联系、相互渗透，游戏也不例外，也应该与其他内容有机整合。因此，生活活动、游戏活动与教学活动应该成为一体，让幼儿接受整体的教育。体现在以下两方面：

一方面，教学与游戏活动可延伸至生活活动。例如，幼儿园小班经常开展主题活动"我爱我的幼儿园"。除了开展集体教学活动、游戏活动之外，还可以利用饭后散步时间与幼儿一起参观幼儿园，熟悉幼儿园场地、环境，教师也可以为幼儿讲解幼儿园的历史。关于疫情的主题活动之中，教师可在盥洗环节、进餐环节让幼儿回忆打败细菌的内容。

　　另一方面，生活活动可发展为教学与游戏活动的资源。幼儿的生活是一个巨大的教育资源库。在生活活动中，幼儿展现最真实的自己，兴趣爱好和缺点都会有所展现，教师可挖掘并进行引导帮助。如幼儿互相推搡，可发展成为健康教育活动，为幼儿讲述安全知识；幼儿挑食可让幼儿在植物区观察蔬菜生长的过程，明白食物的来之不易。

　　总而言之，在课程游戏化的背景下，幼儿的生活活动应该是自由的，充满趣味的，是与其他活动相互联系、相互促进的。但现实与理想之间还存在很大的差距，幼教工作者还需要做出更大的努力，改进实践，提高教育质量，更好地促进幼儿身心发展!

参考文献：

［1］潘嘉雯.追寻童心，乐享一日生活——谈课程游戏化背景下的一日活动优化［J］.智力，2021（29）：184-186.

［2］黄倩.幼儿在园一日生活时间的社会学研究［D］.南京：南京师范大学，2021.

# 幼儿园户外混龄区域活动的组织策略

中国中铁映秀幼儿园　刘　静

混龄区域活动是将混龄教育与区域活动进行整合的一种活动形式，幼儿园混龄区域活动，即让3～6岁不同年龄、班级的幼儿，按照自己的意愿和能力，自主地选择学习内容和活动伙伴，主动地进行操作、探索和交往活动。幼儿园混龄区域活动是幼儿教育教学改革的方式之一，旨在向幼儿园教师提供更有效的教育经验，促进幼儿全面和谐发展。那么，幼儿园教师应如何组织好幼儿户外混龄区域活动，采用怎样的组织策略来实现幼儿园户外混龄区域活动对幼儿发展的教育价值最大化呢？

## 一、创设适宜环境开展幼儿园混龄区域活动的组织策略

《纲要》中明确提出"环境是重要的教育资源，幼儿园应通过环境的创设和利用，有效促进幼儿的发展。"教师应根据幼儿园混龄区域活动的特性，提供和创设有利于幼儿参与活动的科学互动的区域环境，激发幼儿思考，引导幼儿的行为与活动，有效促进幼儿的发展。

### （一）开发活动场地，合理设置区域地点

合理科学的活动场地设置是组织开展好混龄区域活动的基本保证。教师可根据幼儿园园所场地的特点，开发活动场地，合理利用楼梯角落、楼道、教室、走廊、操场等场地，并根据幼儿兴趣点、教育目标、区角特点设置不同功用的活动区角。

### （二）多方位相结合，优化区域环境

活动区角的环境创设要综合考虑教育性、互动性、美观性及实用性，以环境创设物化的形式实现目标，体现环境创设内容中隐含的教育价值。环境是可以说话的，经过良好设计的环境能起到暗示作用，从而诱发幼儿的积极行为。环境的作用是潜移默化并不断加强的，它的效果比教师的说教来得更实在、更有效。因此，教师在进行区域环境创设时就要综合考虑：既要美观又要富有童趣，既要有教师的制作又要有幼儿的参与，既要具有实用性又要具有教育性。

## 二、投放有利材料开展幼儿园混龄区域活动的组织策略

材料是顺利开展幼儿混龄区域活动的重要基础和条件，材料本身所蕴含的教育价值也是教师指导幼儿的媒介和方式，教师应根据幼儿的需求及活动的需求科学合理地投放材料，把握好幼儿对投放材料使用。

### （一）不同年龄投放不同材料，完成相同合作任务

教师在组织混龄区域活动时，应明确各年龄阶段对于投放材料的不同反应，配置适合大、中、小班各个年龄段的、数量相当并能促进混龄幼儿交流的操作材料，进而充分发挥混龄活动对于幼儿发展的作用。

### （二）不同年龄投放相同材料，完成不同层级任务

在组织混龄区域活动时，教师应在投放材料之前分析适合幼儿"最近发展区"的活动材料，每个混龄区域的每个年龄段的材料，要多层次提供，让幼儿找到适合自身发展需要的操作材料。

## 三、运用有效方式开展幼儿园混龄区域活动的组织策略

《纲要》中指出，教师应在共同的生活和活动中，以多种方式引导幼儿认识、体验。运用有效、多样的组织方式，能激发幼儿活动的兴趣，提升幼儿各方面能力的发展。

### （一）有计划、常态化的管理方式

每周固定时间，教师有计划、有目的、有准备地组织幼儿参与活动，开始和结束混龄区域活动由幼儿园利用统一播放音乐的方式进行时间上的管理；佩戴入区标志手环辅助幼儿入区、安全巡查及教师指导的管理；教师制订翔实可

行的活动方案能保证幼儿参与活动的内容、时间和规则的相对稳定；通过对入区信息表、观察记录表的分析，帮助教师了解幼儿参与区域活动的情况，并定期进行区域轮换的管理。

**（二）自由选择与轮换的参与方式**

《纲要》中指出要提供自由活动的机会，支持幼儿自主地选择、计划活动。参加混龄区域活动的幼儿可以依据自己的意愿、兴趣选择伙伴，选择区域参加活动，这种自由选择的方式，能让幼儿之间产生交互需要，激发幼儿参与活动的积极性，促进幼儿社会性能力及语言能力的提升。采取自由选择与轮换相结合的方式，既能尊重幼儿的自主性，又能保证幼儿有更多的机会参与其他区域的活动，促进幼儿能力的全面发展。

**（三）以大带小的活动方式**

在幼儿园混龄区域活动中，年龄小的幼儿持续性差、目的性不强、操作水平低，采用以大带小的方式组织混龄区域活动，能很好地调动和激发小龄幼儿与大龄伙伴共同参与活动的兴趣；而大龄幼儿在带领小龄幼儿的过程中，也增强了自信心，培养了责任心与爱心。以大带小的活动方式，满足了幼儿与不同年龄同伴交往的需要，有利于培养幼儿的社会交往能力、语言表达能力，使幼儿变得自信、大方、有爱。

**（四）以强带弱的游戏方式**

混龄区域活动中有异龄伙伴也有同龄伙伴，他们的能力发展水平各不相同。活动中要鼓励幼儿间的协作与沟通：共同探索器具的玩法、共同讨论游戏的情节、共同协商游戏角色的分配与规则。同龄伙伴中，鼓励能力强的幼儿带动能力弱的幼儿；异龄伙伴中，引导大龄幼儿给小龄幼儿做示范和引领。这种以强带弱的游戏方式，能激发幼儿与同伴共同游戏的兴趣，让不同年龄幼儿的能力都能在原有的基础上得以提升，有助于培养幼儿合作与创新的意识。

**（五）适时、适度及适当介入的指导方式**

《指南》中指出，教师应成为幼儿学习活动的支持者、合作者和引导者。在幼儿园混龄区域中，教师指导应该是有意识、有目的、有计划的。教师应做到：活动前对幼儿想做什么、有可能怎样做有心理准备；活动中以观察为前提，采用有效的指导策略，给幼儿以适时的引导与帮助；活动后反思活动开展是否有效，还存在什么问题，以及今后如何改进等。

　　在幼儿园混龄区域活动中，教师适时、适度和适当介入的指导方式是紧密联系的，教师对这三种指导方式的有效运用，能让幼儿混龄区域活动水平不断得到提升，更好地达成活动目标，帮助幼儿各方面能力得以发展。适时是指教师在恰当时间对幼儿及时指导，在幼儿需要时及时提供帮助，发挥"幼儿参谋长"的作用。适度是指教师在幼儿参与活动时既不能采取"放羊式"的态度，又不能过分干涉，应注重培养幼儿主动学习的能力，并给予幼儿充分的信任，让幼儿主动积极地进行活动。适当是指教师依据幼儿中活动具体的情境，通过各种角色的转换，做出恰当的反应并给予幼儿适当的帮助。

　　综上所述，教师只有采用有效的组织策略，科学地开展混龄区域活动，才能让幼儿积极参与活动，实现教育价值的最大化，促进幼儿能力的全面提升。

# 第三篇

# 教学实践

# 幼儿园实施课程游戏化的策略

## ——以射洪太和镇第四幼儿园"玩水课程"为例

四川省射洪太和镇第四幼儿园　胥咏梅

游戏，作为幼儿园的基本教育活动形式，可谓"幼儿的生命"。幼儿园结合游戏实施教育目标和促进幼儿全面发展，就是实现"课程游戏化"。本文笔者认为"课程游戏化"的本质并不是每一种课程都要采用游戏的形式，每一个活动都要设计成游戏，而是用"游戏的精神"去建构与实施幼儿园课程，把游戏精神和课程融为一体。席勒曾说过："自由与游戏显然是一对双生姊妹。""游戏精神"中最关键的就是"自由"。自由是伴随着游戏一同产生的，幼儿只有在自由中才能真游戏，所以，自由才是游戏精神的精髓所在。这种自由既包括空间与时间的自由，也包括选择思想与行动的自由。所以要想实现课程的游戏化，其关键在于游戏精神和课程的完美契合。但就目前看来，大多数幼儿园的课程与游戏精神都是单独的两部分，并没有将游戏精神贯穿于课程之中。因此，实施课程游戏化的建设与实践具有一定的意义，本文以射洪太和镇第四幼儿园（简称射洪四幼）"玩水"课程为例，结合实践，提炼出一些关于"课程游戏化"的策略与建议。

## 一、概念界定

关于课程游戏化，不同的学者也有不同的见解。陶金玲认为幼儿园课程游戏化是在遵循幼儿发展规律的基础上更适宜地开展教育工作，让幼儿在活动中更加快乐、自由、主动地发展；曹玉兰指出课程游戏化的过程就是园本课程建设的过程，是通过对幼儿园课程的改造，使得幼儿园课程丰富、科学、生动，促进幼儿多样化发展；殷雅竹认为实行课程游戏化的目的是要将游戏精神真正融入幼儿园的活动之中，这需要教师具有较高的指导与反思能力；虞永平认为，课程游戏化不是把幼儿园所有活动都变为游戏，而是确保基本的游戏活动时间，同时把游戏的理念、游戏的精神渗透到课程实施的各类活动中；顾云玉认为，所谓的幼儿园课程游戏化，是用游戏的精神去设计幼儿园课程，把游戏精神渗透于课程之中；王万凤认为，幼儿园课程游戏化就是要将幼儿课程进行生动化、具体化、兴趣化处理，吸引幼儿主动参与到活动中。综合专家的理念，作者结合实践，将课程游戏化定义为：幼儿园的课程或一日生活的各个环节，在实施的过程中需以游戏精神为指引，体现游戏的基本特征，教师通过以游戏的形式进行保教，幼儿在游戏活动中获得发展。

## 二、幼儿园实施课程游戏化的意义

幼儿园实施课程游戏化，是将《纲要》《指南》提出的"以游戏为基本活动"的精神落地生根。

### （一）有利于幼儿成长

### 1. 符合幼儿成长特点

幼儿在3～6岁这个年龄阶段正处于活泼好动且又快速发展的关键期，幼儿的自主学习能力不强，课程的游戏化将改善幼儿对于课程的态度，引导幼儿一边玩一边学，符合幼儿的身心发展需求。

### 2. 促进幼儿全面发展

游戏是能够激发幼儿想象力和创造力的重要教育形式，课程游戏化能够让幼儿在自由的环境下运用和体验多种知识和技能。通过游戏来充分调动幼儿学习的兴趣，这样的教学不需要教师的监督，幼儿可以自主积极地参与进游戏学习之中，增长知识经验、培养能力、开发智力、养成良好的习惯，从而实现全面发展。

### 3. 激发幼儿兴趣

兴趣是幼儿最好的老师，是幼儿对外界保持好奇心的必要条件，只有幼儿有兴趣才能充满热情地做一件事。如果没有了兴趣，幼儿做任何事都会敷衍了事。课程的游戏化就是让幼儿拥有绝对的自由和兴趣，让幼儿全身心地投入，让幼儿的天性得到释放，让幼儿在有趣的游戏中，降低学习难度，避免对学习产生畏惧感，让幼儿能始终保持良好的学习热情。

### （二）有利于教师专业发展

实施课程游戏化需要教师进一步加强对《纲要》和《指南》的理解，今《指南》和《纲要》中的理念融入当今的园本课程游戏化实践活动；教师还需要根据本班幼儿年龄特点设计课程，在这个过程中，教师的教学理念和专业技术都能得到提升。

### （三）有利于教学质量提升

倡导游戏精神实现幼儿园课程游戏化，必须要根据幼儿的年龄特点、学习特点和认知特点来开展。所以课程游戏化能有效提升教学质量和教学效果，为幼儿以后更好地发展打下坚实的基础。

## 三、幼儿园实施课程游戏化存在的问题

虽然大部分教师已经认识到课程游戏化对于幼儿发展的重要性，也开始尝试着实施课程游戏化，但课程游戏化的发展进程仍然缓慢，仍然存在着诸多问题。

### （一）教师专业性不够

教师对于课程游戏化的认识不足，大部分教师都认为课程的游戏化就是在课程中加入游戏活动，增强课程的游戏性，没有意识到游戏精神的融入，忽略了课程游戏化的教育功能。再加上教师教育习惯的影响，导致其对游戏活动干涉较多，形成教师精心组织策划游戏、幼儿认真"假游戏"的尴尬境地，并没有真正达到课程游戏化本身的目的。

### （二）课程形式单一

当前的幼儿园课程并未完全关注幼儿发展的身心特点和成长规律，虽然能够在短时间吸引幼儿的注意，但是游戏化程度不够，使幼儿很难全身心地投入到活动中。丁月玲就指出，许多幼儿园对课程游戏化的内涵没有真正理解，导致课程设计呈两极化的趋势。葛彩红认为幼儿园课程游戏化的实践过程还存在目标模糊、形式单调、效率低下、教学照搬教材、实践缺乏灵活性等问题。

## 四、幼儿园实施课程游戏化问题产生的原因

### （一）传统的课程体系对课程游戏化的重视程度不够

目前大部分幼儿园都有自己的课程，不管是基础课程还是园本课程大都重视幼儿对认知的掌握，内容大都将幼儿园课程视为预先制订的完整的课程计划，并根据计划安排课程目标、内容、进度和课时。幼儿园大都重视设计每日计划、周计划、月计划，根据这些计划再将教学目标层层分解，以此为基础进行课程设置，却忽视了以幼儿为主体这一点，盲目将课程游戏化。

### （二）幼儿园缺少关于课程游戏化的培训和教研

关于"游戏"，可能很多教师知道，也能理解，但对于"游戏精神"以及"课程游戏化"，大部分教师还不是很清楚。幼儿园也很少针对"游戏精神"以及"课程游戏化"进行专业的培训和教研。

### （三）教师缺乏游戏精神

教师的游戏精神对课程游戏化的实施起着决定性的作用，但是，大部分教师对课程游戏化的理解不到位，理念模糊，导致很难将课程游戏化内化到自己的教育理念当中，更别说用教育理念来指导课程实践。同时，在课程游戏化中的教师角色定位是指导者不是助玩者，导致出现教师对幼儿的高控现象，没有体现课程游戏化中的游戏精神。

### （四）家长缺乏对课程游戏化的认同和支持

大部分家长认为"游戏"无用，游戏就是"玩"，课程游戏化的实施就是不务正业，认为幼儿没有学到知识。

## 五、幼儿园如何实施课程的游戏化

到底应该如何实施课程的游戏化？课程游戏化的策略是什么？本文笔者以射洪四幼"玩水课程"为例，探索出课程课程游戏化的构建与实施路径。

### （一）倡导游戏价值理念，更新课程目标

玩水课程价值理念：以"玩"为路径，以"水"为载体，让幼儿成为课程的主人，凸显幼儿的主体地位，体现"玩水课程"中的价值理念——自由、探索、主动、开放。自由：幼儿在环境、材料、活动方式的选择上绝对自由。探

索：玩水课程中幼儿自主掌握玩水时间、自由选择玩水课程与材料进行探索。教师在现场观察、记录、支持幼儿探索，最大限度地保障幼儿探索的兴趣。主动：让幼儿在观水、亲水、护水、惜水、玩水中获得学习与发展，释放幼儿天性、激发幼儿潜能。促使幼儿从"被动学习"转向"主动学习"，培养幼儿主动的学习品质。开放：注重关注幼儿发展的需求，倡导"高开放、高互动"的教育环境，关注、倾听幼儿的不同声音。

**（二）创设自由游戏环境，促进课程实施**

《纲要》指出：环境是重要的教育资源，应通过环境的创设和利用，有效地促进幼儿的发展。射洪四幼根据园所地理特征，立足玩水课程，创设自由游戏环境，通过"3分法"（1分区域规划，2分功能设计，3分材料投放）创设"玩水环境"，尽可能让每一寸区域都得到开发和利用，最大限度地支持幼儿自由玩水，发挥出环境的重要价值，尽可能满足幼儿多样玩水的需要。

**1.分区域规划：自由的空间**

为了开发幼儿的"兴趣点"，创设幼儿喜欢的自由的"玩水环境"，射洪四幼通过前期调研和制定方案，对幼儿园空间统一进行规划，让幼儿真正成为环境的主人。

**第一步**：前期调研。追随幼儿视角，让幼儿参与到环境规划中，设计出想要的玩水区域。

**案例1**：大五班教师带幼儿参观幼儿园各个角落，让幼儿设计出自己想要的玩水空间。其中被采用的设计图是庞可馨的《打水仗》，她说：我想要一条河沟，我们可以用水枪在这里取水，打水仗！

图3-1 《打水仗》设计图

**第二步**：制订方案。通过前期对幼儿设计图的收集整理，根据园所的地理特征，合理利用空间资源，将整体空间划分为观水区、玩水区、亲水区三大部分，最大限度地支持"玩水课程"的开展，发挥出课程游戏化中环境的重要价值。

**2. 分功能创设：自由的环境**

实现课程游戏化中环境的多功能价值，是将功能性和各区域相融合。

**策略一：观水区融合艺术性**

给幼儿提供"随处可观水"的环境，在幼儿园的门口设置"生态造景鱼缸"、在幼儿每天的必经之路上设置"喷泉假山水池"、利用转角处设置"流水微景观"、在走廊上空悬挂形态各异的透明"水珠"，让幼儿更加直观地观察到水的不同形态，聆听水的声音，实现环境的教育功能。

**案例2**：在小二班"金鱼宝贝"活动中，黄老师将幼儿带到幼儿园门口的生态造景鱼缸处，让幼儿观察各种类型的金鱼，幼儿近距离观察金鱼，七嘴八舌地说出金鱼的各种特征："金鱼的眼睛又大又圆！""我看见金鱼穿着漂亮的花衣服！"幼儿丰富的语言表达充分体现了环境对课程游戏化的支持性。

**策略二：玩水区融合功能性**

充分利用户外场地，设置六种类型的多种功能的户外"畅游区"，给予幼儿自主多样的玩水空间，为玩水课程游戏化提供资源。

表3-1　玩水区融合功能设计

| 区域名称 | 区域图片 | 区域功能 |
| --- | --- | --- |
| 沙水湾 | | 幼儿运用各种低结构材料进行玩沙、玩水活动 |
| 百草园 | | 1. 幼儿尝试多种取水方式（水井、压水井、舀水等）；<br>2. 幼儿在高矮不一的木质戏水槽中进行放小船、自制泡泡水、吹泡泡等游戏 |

| 区域名称 | 区域图片 | 区域功能 |
|---|---|---|
| 小涪江 | | 1. 幼儿观察各种水养动物和植物；<br>2. 幼儿进行钓鱼、捉鱼、捉泥鳅、放花灯等游戏 |
| 创意工坊 | | 幼儿在自制PVC管涂鸦墙上用水枪、布、鹅卵石、木块、竹筒等作画工具和水组合后以喷画、拓印、晕染、吹画的形式进行绘画 |
| 玩水墙 | | 1. 幼儿通过各种水管去探索在不同材质里水的流速；<br>2. 幼儿将有颜色的水倒入水管内，观察颜色的变化 |
| 游泳池 | | 1. 春夏时给游戏池蓄上水，幼儿可以游泳；<br>2. 开展亲子活动时，游泳池是游戏场所之一，家长幼儿可进行泼水游戏 |

### 策略三：亲水区融合教育性

通过"定—创—观—评"创设班级亲水区环境：根据本班幼儿情况确"定"主题，制"定"初级方案→分组教研确"定"方案→以班为单位进行"创"设→集体"观"摩各班环境创设→"评"出等级。

**图3-2　玩水材料**

**案例3**：小五班主题墙"奇妙水世界"。骨老师组织教师、幼儿、家长三方共同参与，一起收集玩水材料，将最直观的实物收集呈现给幼儿，丰富幼儿的玩水经验。

### 3. 分材料投放：玩水材料

材料是开启幼儿智慧之门的金钥匙，皮亚杰也在《幼儿智慧的起源》提到"幼儿的智慧源于材料"。玩水材料作为玩水课程的物质基础，是一种非常重要的媒介，幼儿园在材料投放上应该充分考虑到材料与目标的关系、材料与幼儿需要的关系、材料与季节的关系，分层次投放材料，确保幼儿对材料的自由选择。

### 策略一：依据目标性原则，材料投放多元化

A. 探究性玩水，投放工具性材料

当幼儿在探究性玩水时，根据探究的不同主题，投放相应的工具性材料以及各类辅助表格。

案例4：科学活动"水的沉浮"中，老师在开展活动前，准备了水果（梨、香蕉、苹果、圣女果、金橘、葡萄）、记录表、鱼缸；每人三种水果及小图片、记录卡、水盆、干毛巾，保障了幼儿有效探究，避免了多余材料的干扰。

B. 自由性玩水，投放低结构材料

当幼儿自由玩水时，提供低结构材料，即结构简单、功能多元、操作性强，既可一物多用，又可自由组合的材料。

案例5：中六班老师组织幼儿到百草园灌溉植物，她给幼儿提供了水盆、瓶罐、PVC管、瓶盖、海绵、喷壶、毛巾等运水材料，让幼儿自主选择灌溉的工具，通过这类低结构材料的投放，更加有效地促进幼儿的自主选择和合作。

C. 情景性玩水，投放拓展类材料

当幼儿在开展情景性玩水活动时，根据情景来投放拓展类的材料。

案例6：大一班沙水游戏"探秘下水道"，教师除了准备基础类材料：PVC管道、铲子、水瓢、水盆之外，还准备了情景类的建筑地标、下水道盖板，让幼儿很快地投入到角色中。

D. 创造式玩水，投放适宜性材料

当幼儿在创造式玩水时，需要更多的是适宜性材料，用来为幼儿提供充足的想象空间。

图3-3 "探秘下水道"沙水游戏

**案例7**：创意工坊里，大二班老师根据绘画的各种方式，投放了颜料、刷子、喷壶、海绵、棉签、旧衣服、贝壳、瓦片等绘画工具，让幼儿以吹、点、喷、染、印的形式创作"我眼里的春天"。幼儿1在PVC管上创作了《春天的花朵》，幼儿2利用旧衣服创作了《春天的田野》。

图3-4　《春天的花朵》

图3-5　《春天的田野》

**策略二：依据层次性原则，材料投放多维度**

在投放材料时做到因人而异，满足不同层次幼儿的需求，才能促进幼儿自身思维体系的建构。玩水课程游戏化在材料投放上考虑到幼儿年龄、能力的差异，采取的是分层次投放，以满足不同幼儿玩水的需要。这种层次性既包括了为不同年龄班级幼儿提供有层次的材料，也包括了为同一年级班级不同发展水平的幼儿提供有层次的材料。

A. 同区域不同年龄，多层次投放

不同年龄段幼儿的学习特征和动手能力的差异性决定了玩水活动材料投放的层次性。在每个玩水活动区域按照小中大班年龄段分级投放材料。

**表3-2 分级投放材料**

| 玩水区域 | 玩水活动 | 年级 | 材料投放 | 投放意图 |
|---|---|---|---|---|
| 小涪江 | 捕鱼达人（9月） | 小班 | 捞鱼网、小桶、海洋球、小鱼玩具 | 幼儿能利用简单工具捕捞水中物体 |
| | | 中班 | 捞鱼网、小钓竿、小桶、海洋球、小鱼玩具 | 幼儿能发现并利用工具之间的关系捕捞水中物体 |
| | | 大班 | 雨靴、雨衣、小桶、小鱼、小虾、泥鳅、海洋球 | 幼儿能独立利用雨靴、雨衣等防水材料来帮助自己下水捕捞水中动物及物体 |

**案例8：**在小涪江玩水区域内，同样的捕鱼达人玩水活动中，我们给小班段投放捞鱼网和海洋球，让幼儿"网鱼"，给中班段投放钓鱼竿和自制类小鱼，让幼儿"钓鱼"，给大班段幼儿投放雨靴和水桶，让他们在河沟里去"捉鱼"，捉到鱼后还可以"卖鱼"。

B. 同年龄不同难度，多阶段投放

由于相同年龄阶段的幼儿能力和发展水平不同，同一个活动中所需要的材料也不同，同时，对幼儿的目标要求应逐步提高，操作难易程度应逐步加大。在提供同一活动的材料时，分层提供初级材料、中级材料和高级材料。

**案例9：**中五班在"小涪江"开展的运水游戏中，教师提供的初级材料是水桶、水盆等方便取水和运水的材料，中级材料是海绵、塑料袋等稍微有一点难度的材料，高级材料则是PVC管、竹子、软水管等需要幼儿合作完成的材料。

**（三）唤醒游戏精神，建构多元课程**

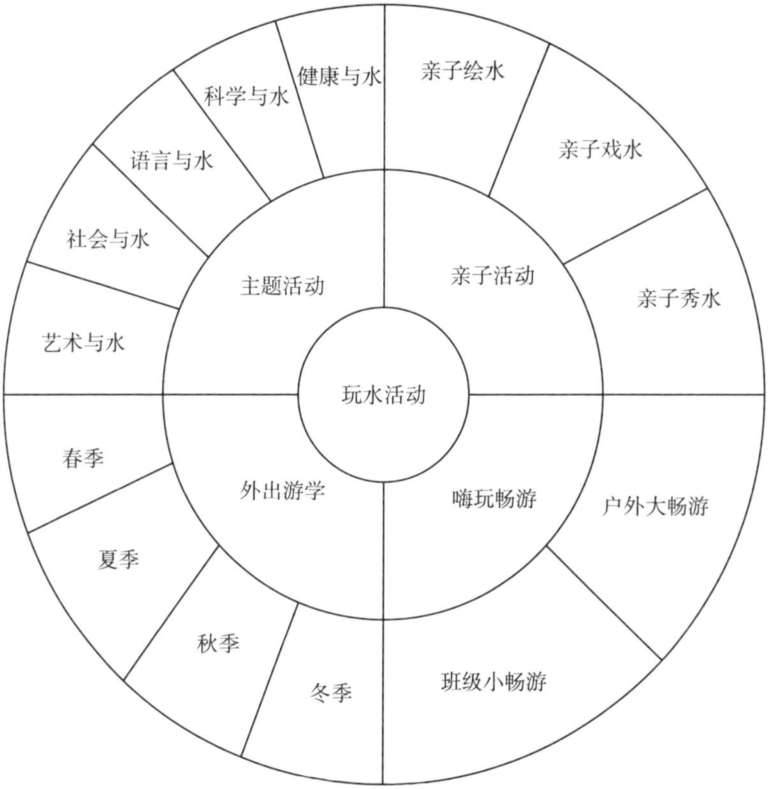

图3-6　玩水课程结构图

一是理念的唤醒。为了让教师养成有意识观察幼儿并做记录的习惯，在玩水课程游戏化中，我们要求教师进行"每月三篇"的写作：一篇观察记录、一篇个案评析、一篇教学故事。近三年时间里，各位老师共撰写了上百篇的观察实录，解读幼儿行为的能力和专业理念都得到了提升。

二是角色的唤醒。我们每学期通过"游戏周"的方式，让每一位教师都进行玩水游戏活动的展示，以此为媒介，让教师之间相互借鉴经验，同伴相助，让教师成为幼儿游戏的"助玩者"。

玩水课程游戏化通过"三步走"模式建构"主题常规"玩水课程，通过"三自由"模式开展"嗨玩畅游"玩水课程游戏化，通过"三参与"模式开展"亲子节日"玩水课程游戏化，通过"四环节"模式开展"外出游学"玩水课程游戏化。

**1. "三步走"模式建构"主题常规"玩水课程游戏化**

将"主题常规"玩水课程目标与《指南》目标结合,融入五大领域,共分为"健康与水""科学与水""语言与水""社会与水""艺术与水"五大主题,按照小中大班幼儿的年龄特点制定"玩水主题课程游戏化集",丰富幼儿的水知识和水经验。

表3-3 "玩水主题课程游戏化集"活动主题

| 活动序号 | 小班 | 中班 | 大班 |
|---|---|---|---|
| 活动一 | 科学:奇妙水世界 | 讲述:亲子嬉水 | 科学:水从哪里来 |
| 活动二 | 美术:水壶喷画 | 科学:给鸭宝宝运水 | 歌曲:珍惜用水 |
| 活动三 | 健康:水里捞宝贝 | 区角:趣味水墨画 | 谈话:我会节约用水 |
| 活动四 | 故事:调皮的水娃娃 | 科学:白糖不见了 | 区角:变大变小的泡泡团 |
| 活动五 | 科学:倒来倒去 | 社会:白白的雪 | 区角:植物也要喝水吗 |
| 活动六 | 歌曲:大雨小雨 | 故事:洗澡 | 科学:小水车转转转 |
| 活动七 | 健康:赶走海胆 | 科学:救救小动物 | 区角:洗碗小能手 |
| 活动八 | 区角:彩虹糖变身了 | 区角:插水管 | 美术:跟着大师学水墨画 |
| 活动九 | 区角:我是小园丁 | 谈话:生命之源——水 | 儿歌:小小池塘 |
| 活动十 | 社会:想喝水就去喝 | 区角:冻冰花 | 音乐欣赏:小溪流与小河流 |
| 活动十一 | 儿歌:雨宝宝 | 区角:小船快开吧 | 科学:水的变化 |
| 活动十二 | 美术:彩虹雨 | 区角:下雨啦 | 社会:保护水资源 |
| 活动十三 | 科学:水中花 | 区角:浮起来,沉下去 | 科学:植物喝水的方法真神奇 |
| 活动十四 | 音游:吹泡泡 | 故事:小水滴旅行记 | 健康:我爱喝水 |
| 活动十五 | 区角:金鱼宝贝 | 区角:小蘑菇快快长 | 科学:有趣的油和水 |
| 活动十六 | 区角:喝水玩游戏 | 科学:神奇的水 | 健康:运水 |
| 活动十七 | 健康:干净小手人人爱 | 歌曲:雷雨 | 美术:有趣的水墨拓印 |
| 活动十八 | 社会:关好水龙头 | 律动:小青蛙躲猫猫 | 语言:水娃娃漫游记 |
| 活动十九 | 科学:水的沉浮 | 科学:会变的水 | 讲述:请大家保护水 |
| 活动二十 | 科学:猜猜哪杯是清水 | 科学:奇妙的盐水 | 故事:大禹治水 |

**第一步:**制订常态化计划。玩水主题课程游戏化计划按照一月一主题、每周两课程的频率制订,每周的星期三和星期五预设出主题课程,保证幼儿在常态化的活动中感知水、了解水、爱护水。

**第二步**：融入常态化活动。将主题活动融入幼儿每天的一日活动，包括晨间锻炼、生活活动、早操活动。

**案例10**：小班早操《水宝贝》，幼儿在《小水滴》的音乐中入场，在海洋背景音乐中模仿喜欢的海洋动物进行韵律活动，在游戏"吹泡泡""划船乐""捕鱼乐"中钻、爬、跑、跳，幼儿在亲水嬉水中达成爱运动、强体质的目标。

**第三步**：实行常态化管理。为了确保主题课程游戏化常态化开展，以"三查三评一推"的方式进行动态化管理。三查：查活动方案、查观察记录、查案例故事。三评：评选优秀活动方案、观察记录、案例故事。一推：推门看评活动。

**2. "三自由"模式建构**

"嗨玩畅游"玩水课程游戏化以室内、室外的区域游戏活动为主，每周一次"嗨玩日"，采取两种方式进行，一是全园混龄游戏，二是分年级进行游戏。遵循幼儿自主的原则，让幼儿在自由嗨玩中和水亲密接触，深度探究。

**图3-7  "嗨玩畅游"玩水课程游戏化**

**选择自由**：幼儿以"说—选—玩"的步骤，先说出自己的计划，想去的嗨玩区，准备玩什么，怎么玩。这个过程既实现了幼儿自主，又培养了幼儿的表达能力，让幼儿爱听说，会交流，善表达。

**探究自由**：幼儿在自由宽松的氛围中自主探究水的各种特性。

**案例11**：邓若涵今天选择的是"流来流去"，她要探究的是水在不同容器里的不同形态。邓若涵负责记录，唐汐妍和何亦霏利用不同容器取水、灌水，然后一起观察水的不同形态。通过观察得出水的形态会根据容器的变化而变化的结论。

合作自由：嗨玩日的混龄游戏形式，为幼儿创设良好积极交往的条件，通过游戏，促进幼儿社会认知、情感行为的发展，实现课程目标。

（1）

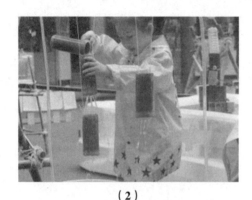

（2）

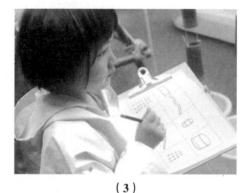

（3）

**图3-8 "流来流去"游戏**

案例12：沙水湾里，今天的主题是做蛋糕，大班、中班的哥哥姐姐利用模具做出蛋糕的模型，小班的弟弟妹妹用吸管在蛋糕上面插生日蜡烛，通过这样的合作，让幼儿勤于动脑，善于合作。

**3. "三参与"模式建构"亲子节日"玩水课程游戏化**

通过传统节日以亲子"绘"水、亲子"戏"水、亲子"秀"水三种主题建构各种类型的节日玩水课程，保证一学期一次，通过"三参与"的方式实现课程游戏化：

家庭参与活动设计：活动前，请家长参与节日活动的设计，以调查表和班级群的形式收集家长的想法和改进意见。

案例13：2018年六一戏水节前夕，中二班陶苹老师在班级群里收集家长们对戏水节活动的意见，滕爱的爸爸建议："去年的戏水节很有趣，建议今年的戏水节可以加一点表演元素，我们可以先表演开场，再戏水。"其余家长附和。幼儿园征集了家长的意见后，就将当年的主题定为"小班动物戏水""中班世界村戏水""大班民族戏水"。

图3-9　2018年六一戏水节

在活动中，幼儿和家长自己选择主题服装，选择音乐，设计开场舞，游戏活动中，每个班都呈现了风格各异的亲子开场舞。

课程游戏化中，以家庭为单位，自主选择游戏项目，参与每一项玩水活动。

案例14：家长代表在戏水节开幕式的讲话稿《我们的约定》

各位园领导、老师，亲爱的小朋友们：

大家好！我是大三班姜雯琦小朋友家长，很荣幸今天能在××幼儿园第二届亲子戏水节开幕之际，作为家长代表进行宣誓。首先，请允许我代表××幼儿园的大小水滴对园长和各位老师们表示衷心的感谢，谢谢你们对幼儿的辛勤付出！

为了确保今天"水漾六一，欢沁童年"的亲子活动顺利进行，我代表全体家长在此庄严宣誓：

我们绝对遵守游戏规则，排队参与每一个游戏项目，游戏结束后把游戏道具放回原位再离开；

我们给幼儿们做好表率，积极参与每一项游戏，陪幼儿们度过一个欢乐难忘且有我们温情陪伴的六一儿童节；

最后，预祝本届亲子戏水节取得圆满成功。

图3-10 "水漾六一，欢沁童年"的亲子活动

家庭参与活动反馈：活动结束后，家长通过微信公众号、班级群、意见反馈表等形式进行反馈，优化提升课程游戏化方案。

案例15：家长们在幼儿园微信公众号平台里留言道："用心用情的组织，

精致到每一处的细节，彰显的是射洪四幼课程的专业、敬业！""感谢幼儿园给幼儿们一个快乐难忘的六一，也让大朋友们重拾童年的快乐纯真，补过了一个快乐的六一！"

**4. "四环节"模式建构"外出游学"玩水课程游戏化**

通过"研—定—游—观"的模式建构，即前期先调研幼儿的兴趣点，再确定游学的地点和方案，让家长和幼儿选择并确定自己喜欢的课程方案，以园级、级组、班级、家庭为单位开展游学活动，在活动中通过观察工作家长和幼儿的兴趣点，调整优化生成活动课程。

通过此模式还生成了其他系列玩水课程游戏化方案，例如：组织幼儿到"自来水厂""螺湖水电站""涪江湿地公园"等地去参观，开展一系列"护水活动"；开展诸如"爱一滴水，护一个世界""节水小卫士"等主题的实践课程游戏化。

**案例16**：春季游学课程《我爱母亲河》中，我们结合幼儿年龄特征和对生活的经验，分别设计了小中大三个小主题：

小班——放养花白鲢。家长和幼儿通过将自行购买的花白鲢鱼苗放进涪江河来帮助改善水质。

中班——我爱母亲河倡议活动。由组长宣读"珍爱生命之水，保护母亲河"倡议书，老师和家长、幼儿在横幅上进行签字，然后幼儿向过往行人发放"珍爱生命之水，保护母亲河"的倡议书，邀请行人在横幅上进行签名。

大班——百米长卷画涪江。幼儿在一张白色布条上绘画母亲河涪江。

**图3-11 放养花白鲢**

图3-12　横幅签字

### （四）优化组织模式，生成指导策略

教师以幼儿快乐学习为出发点，利用游戏释放幼儿的天性，以游戏丰富幼儿的阅历，促使幼儿身心健康发展。幼儿在游戏体验中，主动动手实践，积极思考，分享感受，从而激发潜能，全面发展。将"创—观—入—导"四步的组织模式，贯穿在幼儿玩水前、进行中、结束后，让幼儿获得身心的全面发展。

### 1. 自创材料——调动兴趣

教师根据幼儿的兴趣和关注点，挖掘生活中的自然材料，如竹子、PVC管、矿泉水瓶、砖头等，让这些低成本、低结构的本土化材料在玩水活动中发挥出高质量的作用。

案例17：自制玩水器械。教师们通过观察，发现幼儿们对意外出现在校园一角的PVC水管非常感兴趣，于是萌发用PVC水管制作玩教具的念头。教师们变身设计师，分享方案，集体研讨；变身工程师，照图施工，动手制作；变身大玩家，轮流试玩，开发玩法，进行体验探索，反思调整；最后投入游戏使用，观察幼儿在游戏中对材料的使用情况，再次进行优化。在这个过程中，教师的游戏化精神得到唤醒和提升。

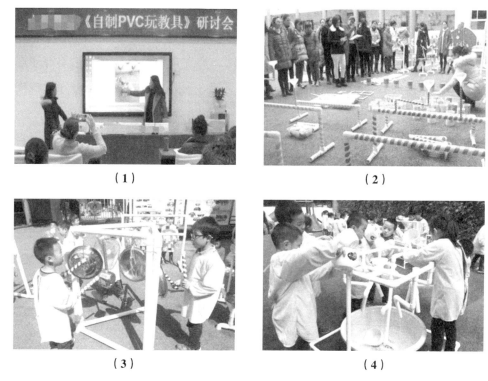

（1）　　　　　　　　　　　　（2）

（3）　　　　　　　　　　　　（4）

图3-13　自制玩水器械

**2. 观察解读——尊重天性**

教师以参与者、陪伴者、支持者的身份与幼儿共同参与玩水，观察幼儿，倾听幼儿，解读他们的行为，了解他们的内在动机和兴趣；在幼儿玩水活动中，教师尊重幼儿喜欢玩水的天性，支持幼儿去自主探究，让幼儿养成独立思考、合作解决问题的习惯，让幼儿通过活动获得成就感和满足感。

**3. 适时介入——深度学习**

介入时机：当幼儿向教师求助时；玩水过程中出现不安全倾向时；幼儿之间出现矛盾时；发现可进行深度探究的机会时。教师适时介入：一是引领幼儿增加其玩水的思维广度与深度，二是影响幼儿深度学习的持续发展，在尊重幼儿、理解幼儿的基础上，与他们积极互动并提供专业指导。

**4. 多元指导——丰富体验**

根据幼儿在活动中的反应，教师用介绍式的语言指导、给予式的材料供给、启发式的建议提供进行多元指导，引导幼儿发挥出自己的能动性。例如，在玩水课程游戏化的初期，幼儿秩序混乱。这时候教师不是直接解答或处理幼儿的问题，而是给予式地把材料供给幼儿，让幼儿参与到玩水规则制定中来，介绍式地用语言介绍规则牌的设计制作方法，启发式地组织幼儿讨论不遵守规则会造成怎样的后果。最后，当他们自己制定好规则后，都能自觉遵守，解决了玩水活动无序的问题。

通过"玩水课程"游戏化的建构不难看出，"倡导游戏价值，更新课程目标""创设自由游戏环境，促进课程实施""唤醒游戏精神，建构多元课程""优化组织模式，生成指导策略"是实施课程游戏化的有效策略。只有实施课程游戏化才能更好地践行《纲要》和《指南》提出的"幼儿园应以游戏为基本活动"，从而促进幼儿的全面发展。

# 重拾游戏精神  让游戏化理论点亮幸福人生

四川省德阳市罗江区教育局教学研究室  罗  莉

游戏对成人来说，是作为工作和学习之外的一切带有休闲、宣泄性质，调剂身心的活动，是人们正常工作、学习与生活的补充活动。而游戏化则是在非游戏情景中使用游戏思维和游戏机制，让游戏人自觉自愿地参与其中，获得快乐和发展。游戏不管对幼儿还是成人都有着自然而然的吸引力。让游戏化理论走进职场与生活去点亮幼儿教师的幸福人生，就是将游戏中那些有趣、吸引人的元素巧妙地运用于工作和生活中，帮助大家遇到更好的自己、拥有更好的生活。

幼儿的世界、幼儿的生活因游戏而精彩。《纲要》指出：游戏是幼儿园活动的基本形式。作为幼儿教师要走近幼儿，首先就应善于运用游戏，和幼儿一样爱游戏、乐游戏，成为具有游戏精神的人。工作是幼儿教师游戏者身份的检验场，生活更是其游戏者身份的重要修炼场和补给站。只有将幼儿教师工作、生活游戏化，才能让教师体会到工作的快乐和生活的幸福。想象这样一个工作与游戏没有区分的世界，一个所有事情都一样有趣好玩的世界，一个每天早晨醒来后都想迎接前方挑战的世界。当我们理解了动机因素的强大作用，就给枯燥的工作和平淡的生活赋予了新的意义。

## 一、游戏化的人本管理

游戏改变世界，同样适用于幼儿园的日常管理工作。作为管理工作者，我们可以借鉴游戏心理学来将自己想象成一个游戏的设计者，但需要明白：我们在强调发挥人的主体性来参与游戏时，也需要游戏者之间的协作、协商。因为人的主体性也如一把双刃剑，如果失去了价值维度的考量，它将是一种极具破坏性甚至毁灭性的精神力量。让游戏化理论走进职场，让职场更加游戏化，创造令员工更勤奋、更上进的工作环境和绩效管理系统。游戏化的幼儿园管理，离不开制度的约束、环境的影响、活动的带动、文化的浸润等，这赋予了幼儿园管理工作新的样态。

### （一）给教职工明确的工作目标

在游戏中，我们永远拥有明确的目标。但在生活和工作中，我们往往并不知道自己每一天要如何度过才不算虚度，而时间却不会因为我们的迷惘而稍做停歇。在浑浑噩噩中，也许有些日子就在麻木和重复中度过了。但这种烦恼从来不会在游戏中出现。因为游戏的设计者们为不同级别的玩家提供了具体而可行的目标。在游戏中，自己下一步要做什么早就已经明确了，玩家们只要凭着自己的喜好进行选择。在不断升级的过程中，玩家们不由自主地被游戏所吸引，并不断地调整自己的参与度，从而提升自己的能力，让自己更快地达到目标。

为教师规划出一个宏伟的愿景，让教师能够遇见更好的自己并为之努力，这是开展好幼儿园管理工作的首要前提。正如每个游戏都有一个终极目标一样。在幼儿园管理工作中，不管工作任务大小，首先要做的就是定目标。这个目标可以很大，比如基于幼儿园整体发展的幼儿园中长期发展规划、幼儿园特色校园文化建设计划、幼儿园特色园本课程开发方案等或基于教师个人专业成长的幼儿园骨干教师培养计划、教师岗位晋升制度、教师职称评审制度、教师年度考核及评优选先制度等。这个目标也可以很具体，如"文明校园""健康校园"的创建计划、年度幼儿园特色主题活动的实施规划等。或者针对教师个人专业成长提出更加明确和具体的要求：一年上几次汇报课、听多少节骨干教师示范课、外出学习取经多少次；每学期写多少篇教学论文、随笔或教学反思等。明确的目标可以让人每天都充满期待，并且相信自己可以在能力范围之内达成。

### （二）给教职工目标配备详细的可操作性步骤

一个让人期待的目标可以给工作的教师带来好情绪，而详细的可操作性步骤能够让自己达成目标变得更现实可行。设计可操作性步骤的时候可以不断地微调事情的难度。在自己成功完成之前的任务之后，略增加挑战性可以激发继续做下一个任务的兴趣和动机，让大家不会因为不停地重复劳动而感到倦怠，也避免了因任务太难而产生焦虑或者能力差距感。

**（三）建立教师的史诗意义和使命感**

随着社会经济文明的发展，教师职责倦怠现象越发凸显。盖洛普对142个国家的研究表明：24%的工作环境被认为是没有吸引力的，只有13%的员工是投入工作的。笔者曾面向全区教师展开问卷调查，调查发现其中有6%左右的青年教师表现出一定的职业倦怠，有18%的中老年教师表现出不同程度的职业倦怠。作为幼儿园管理工作者，我们可否借鉴游戏心理学将自己想象成是一个游戏的设计者？多一些游戏精神，积极创造鼓舞和激励员工工作的环境和系统，为教师重拾游戏精神、重构游戏者身份提供温润的土壤，让教师建立史诗意义与使命感——让教师认为自己在从事比事情本身更伟大的事情，从而受到激励。

2018年11月23日，"李佳名园长"工作室成立，工作室有来自全省十余个市、州的18名幼儿园园长，他们在李佳园长的带领下形成了学习共同体。

工作室成员在李佳园长的带领下走进成员们管理的幼儿园入园诊断，走进甘孜、阿坝、凉山等地的幼儿园开展实践研修，送教送培。为幼儿们送去图书和玩具，带着他们游戏；为教师们开展专题培训、研讨，帮助她们提升专业水平和能力。每到一处我们都是披星戴月地工作，乐此不疲地分享交流。

因为距离的遥远，大家经常利用晚上时间开展线上研修交流，每次活动都进行了激烈的研讨、思想碰撞、头脑风暴。结束的时候大家都意犹未尽，依依不舍。

工作室成员们来自18所幼儿园，每个人的肩上都有繁重的工作任务和责任，但我们渴望并积极参加工作室的各种活动。因为大家希望能与"高手"交流，渴望自我迭代，寻找同行者，进行思想的碰撞，建立新的思维模式，互相学习先进的管理理念，为的就是遇到更好的自己，为的就是我们头顶的光环和肩上的使命，为的就是让我们的幼教事业快速发展，这就是我们的史诗意义和使命感。

游戏精神强调主体的自主能动性。但我们也需要明白：在强调发挥人的主体性作用来参与游戏时，也需要游戏者之间的协作、协商。因此，我们倡导幼儿园的民主管理、倡导团队间的平等对话。我们倡导教师放下高控、权威，给予幼儿自主商议玩法规则的权利。于教师管理，我们也应该如此，聆听各方教师的声音，共同探讨形成一定共识，让教师成为自身游戏规则（工作准则）的设计者。

**1. 建立合作团队**

团队的力量是强大的，团队的影响力更为重要而且不可估量，因此，幼儿园也可以建立多样的合作团队。

名师工作室：在资深教师板块，设立经验丰富、教育教学与班组管理成绩突出、有一定研究成果与影响力的优秀教师作为园内名师，实施名师挂牌，给予名师更强的荣誉感与责任感。

骨干教师合作坊：对于有一定工作经验与学术成绩的中青年教师，采用自由申报与对象物色结合的方式，合理组建骨干教师合作坊，形成骨干教师优长互补、互促共研、学术攻坚的研培阵地。例如，在民间体育领域有独特见解的教师就让其来领衔主持"幼儿园民间体育工作坊"，在艺术领域有造诣的就成立"音乐（美术）工作坊""泥塑工作坊"等，让这些教师有展示的平台。同时，通过工作坊可以提升更多教师的专业能力和素养。

青年教师学习小组：对于年轻教师中有某项专业优势与探究热情的，专门组建青年教师学习小组，全力支持他们的领域行动探究，焕发青年教师的专业能动性。

**2. 非正式激励**

为了激发教师的史诗意义，建立使命感，需要建立一系列非正式激励制度。

（1）新教师入职的"迎新欢迎酒会"

为刚刚入职的新教师举办新入职教师见面会、交流会，搭建一个展示新教师和新老教师交流的平台，为新教师树立学习的榜样。

（2）人性化的管理制度

教职工的幸福有来自工作的幸福，也有来自家庭美满和幼儿健康成长的幸福。我国为了激励教职工制定了一系列管理制度，有教职工子女升学假制度、教职工家属生病陪护假制度等，同时，建立教职工子女升学奖励制度，以激励教职工子女追求卓越的人生目标。

（3）丰富的教师社团

鼓励教师根据自己的兴趣、爱好自由组成各种社团开展活动，既能提升教职工的身体素质和能力，也能促进教师之间的交流，增强凝聚力和合作意识，如舞蹈社团、乒乓球队、瑜伽社团等。

## 二、唤醒游戏精神，重拾游戏者身份

为了唤醒教师的游戏精神，让教师重拾游戏者身份，我们提出"亮眼读—慧心研—潜心思教师游戏精神修炼三部曲"，着力提升教师游戏精神，全面增强教师游戏认识及实践能力。

### （一）亮眼读

亮眼读即以《指南》为抓手，点亮教师观察解读幼儿游戏的双眼。深入学习《指南》，以《指南》所列五大领域的学习为发展目标，以这些目标的行为表现为手段，点亮教师观察分析幼儿游戏行为的双眼。让教师能够在一个游戏行为中看到多个领域的目标和表现，同时能在多个游戏行为中看到同一个领域的同一条目标等。

此外，鼓励教师深入学习《教育现象学》《幼儿心理学》《幼儿教育学》《读懂幼儿》等书籍，帮助教师利用教育现象学的理论及方法来解读、指导幼儿游戏行为。

### （二）慧心研

慧心研即以丰富的"游戏"研修活动为推手，增强教师"玩"的兴趣和能力。

（1）快乐分享。寻找共同的"欢乐游戏时光"，即利用会议、集会、晨练前的时间开展教师轮流分享、领玩不同种类的游戏，如手指、音乐、语言、户外等游戏……丰富教师的游戏储备，形成游戏资源库。

（2）开怀畅玩。开展别样精彩的"教师游戏节"，如"民间游戏日""美食分享日""清凉玩水日""快乐建构日"等，帮助教师重拾游戏精神，重构游戏者身份。

每月确定一天为教师的游戏日。在这一天，教师们可以自由形成临时组织，开展各种活动。在这样的活动中，教师可以尽情地玩耍，释放出游戏的天性；在这样的活动中，教师能站在幼儿的角度去思考，关注幼儿们在游戏中的表现。

案例1：民间游戏日——一场跳山羊的体验活动

在一次民间游戏体验日中，老师们分别进行了滚铁环、踢毽子、跳绳等民间游戏项目的比赛。活动最后，大家还意犹未尽，于是老师们便提议一起玩"跳山羊"，这个提议得到大家热烈欢迎！大家玩得非常开心。此时，谢丽琼老师稍做迟疑地说："跳山羊这么好玩？下次我要带幼儿们一起试试！"但有老师提出质疑："跳山羊适合幼儿玩吗？""哪个年龄段的幼儿适合玩这个游戏？""当山羊的小朋友立得稳吗？有没有安全隐患？""按传统玩法，那么高，小朋友站得稳吗？可不可以降低高度呢？"于是，老师们开始尝试，还请了小朋友一起参与活动，力求找到更加适合幼儿的玩法。就这样，原本的"游戏体验日"演变成了一场"别开生面的民间游戏教学研讨活动"。

后来，在谢老师的带领下，班上幼儿一起玩起了有趣的"跳山羊"游戏，幼儿们的表现让我们无比惊喜。当他们越过高高的地方时，我们不禁在想，幼儿们的能力远不是我们可以估量的，只要我们可以站在他们的角度思考并给他们创造条件。

（3）创新研"玩"。开展颇具特色的参与体验式、情境回放式、问题拔疑式、案例分享式等趣味游戏教研模式。

博采众长式教研：让教师发挥像"专家"一样的引领作用。例如，在学写"学习故事"的时候，尝试使用费曼学习法，鼓励每位教师变成培训师。先查阅资料，梳理思维导图，准备讲稿；然后轮流讲授，互相补充；最后重绘导图，内化知识。

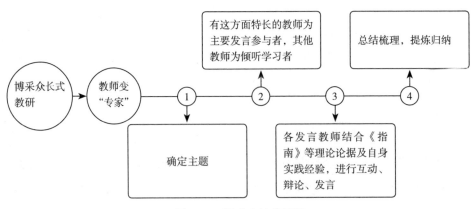

图3-14 博采众长式教研

参与体验式教研：即让教师变成"幼儿"，设身处地从幼儿的角度去寻找和发现问题。为此，我们提出"四玩"策略，在新玩具、新材料投放前，新游戏进行前，让教师带着"我会玩什么？我想玩什么？我能玩什么？我还能怎么玩？"四个问题先假装是幼儿，试玩游戏，体验、感悟游戏的"乐点""痛点"，生成研讨主题。

情景回放式教研：即让教师变成"医生"，对回放案例情境中教师的幼儿游戏观察、指导各方面行为表现进行诊断。

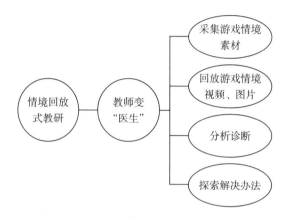

**图3-15　情景回放式教研**

### （三）潜心思

潜心思即以常态的游戏反思为助手，鼓励教师在不断地反思总结中获得进步，让教师游戏水平节节提升，游戏精神日趋显现。例如，开展"看见幼儿的学习"幼儿游戏视频片段分享会，让每个教师录制5分钟幼儿的游戏片段，观察分析并分享你在幼儿的游戏中看到了什么，有哪些学习行为等。

## 三、游戏化的快乐生活

在职场游戏化的同时，尝试让游戏化的理论走进生活，让教师拥有游戏化的快乐生活，让生活充满游戏精神。简·麦戈尼格尔觉得生活游戏化就是把细碎的生活琐事做到风生水起、赏心悦目，把生活琐碎都当作游戏，把大多数人认为的一地鸡毛的生活过得诗情画意。例如，抢着做家务挣积分，洗碗、倒垃圾、洗衣服……还得偷偷摸摸，害怕别人先去做了。她以自身亲身体验告诉世人："活在游戏中，我如此幸福。"她更辩证地告诉大家：成人世界的"诗与远方"离不开游戏精神。

游戏活动是一种包括内在手段和内在目的的生命活动，是一种独特体验。人在全神贯注的时候，外界的刺激和声音都不能打扰他们的思路，这种状态就是心理学家们所谓的"心流"。而研究发现，一旦进入了"心流"的状态，人就会变得专心致志、高度积极、创意勃发，让人想一直停留在这挑战个人能力极限的状态中，获得巨大的满足感。也就是说，能够激发"心流"状态的工作本身，就能给予每个人情感上很大的奖赏。鼓励教师把生活过成游戏，引领教师在平凡的工作岗位上，在一日繁杂的保教工作生活中主动寻找仪式感、趣味性，在平淡的生活中去设计、制造浪漫，提高幸福的指数，感受幸福的味道。

### （一）破除管理者与教师间的高控关系

为教师营造轻松、自由的环境，是职场游戏化、生活游戏化的前提条件。要让教师充满游戏精神，我们必须改变管理者与教师的关系，营造家一样的环境。在这样的环境里大家是自由自主的，可以做自己想做的事。在这里，大家的关系是平等的、和谐的、亲人般的，没有太多职场上的上下级关系，没有高控、权威和命令。因此，在幼儿园中，园长要成为幼儿们和教师的"妈妈"和"朋友"。在幼儿园里，大家有什么事情都会像家人一样给予他人关心和帮助。

### （二）开展丰富的活动，点燃教师工作与生活的激情

"幸福生活，快乐工作"是幼儿园一直倡导的，因为教师们只有生活幸福了，才能有心情和精力去投入地工作，快乐地工作，因此，我们鼓励教师将自己的生活过得浪漫而有情趣。依托春节、妇女节、青年节、教师节、中秋节等活动节日，教师们一起设计各种游戏活动，如春节前夕开展教职工运动会，进行传统体育游戏项目的比拼。妇女节的时候我们会设计一些神秘的活动：让全园老师进行抽签，抽到哪个老师的名字就给她准备一份节日礼物。根据女老师爱逛街的特点，我们设计了"青春购物节"，一段时间组织一次集体购物，要求花最少的钱买到最实惠的东西，让老师们成长为会持家的"贤妻良母"。我们还创新开展教师厨艺大赛、"爱的抱抱"等形式多样的活动。

**案例2：神秘的节日**

幸福的味道：为了让我们的老师拥有一个幸福的家，我们还创新开展教师厨艺大赛，举行"幸福的味道"家庭厨艺比赛、"浪漫的烛光晚餐"等活动。让老师们成为"上得厅堂，下得厨房"的"贤妻良母"。活动中的欢声笑语感染着我们每一个人。

浪漫的日子：为老师设置各种浪漫假日，当老师取得一定成绩就可以得到这些福利，如他（她）生日的生日假、结婚纪念日假等，鼓励老师们去设计自己的生活，让大家来分享自己的生活。例如：今年你对自己的生活有什么规划？准备去哪旅游？想为家人准备什么惊喜……我们都会尽可能地去帮助大家实现。

爱的抱抱：为了让教师们每天对工作和生活都充满激情，我们会在每周一开展"爱的抱抱"活动。因为度过双休日，教职工上班总会显得不在状态，于是周一早上由学校的管理者在园门口接待教职工入园，并给她们一个爱的抱抱，说一句赞美和鼓励的话。同时让老师也给入园的幼儿一个爱的抱抱，回家后给自己的家人一个爱的抱抱等。

游戏化已成为全球各行业的领导性设计方法。在非游戏情景中使用游戏思维和游戏机制。把过程游戏化，把结果意义化，把游戏中那些有趣、吸引人的元素巧妙地运用于工作和生活中，让有意义的生活像玩游戏一样快乐。借游戏创造一种"典型的情景"，在其中"过去可复活，现在可表征与更新，未来可预期"。一个精神世界充实的教师，一个能正确地把握自己身份的教师，一定会影响带动一群快乐幸福的幼儿。

参考文献：

[1] 李希贵.北京十一学校的14种教师激励方案［EB/OL］［2020-04-04］网址：http://blog.sina.com.cn/s/blog_464934350102z15f.html.2020-04-04.

[2] 姚铁龙.用游戏化教学改变数学课堂［J］.江苏教育（小学教学版），2019（11）：18-20.

［3］辻野晃一郎.谷歌的断舍离［M］.樊颖，等，译.北京：机械工业出版社，2017.

［4］麦戈尼格尔.游戏改变世界［M］.北京：北京联合出版公司，2016.

［5］Yu-kai Chou.游戏化实战［M］.杨国庆，译.武汉：华中科技大学出版社，2017.

# "冰球"大战
## ——游戏实录与教研支持

四川省广安市邻水县机关幼儿园　李美欣　谢　萍

## 一、游戏缘起

2020年春，"复学铃声"终于在5月6日敲响。

开学后的中二班，幼儿们变着花样舒活筋骨，最有创意的要数唐斌原、陈星睿发起的"花式溜冰打球"：几个小男生脚踩塑料积木当冰鞋，手挥羽毛球拍当球棒，用泡沫玩具当球，玩得不亦乐乎。

图3-16　花式溜冰打球

游戏持续了几天，他们不满足于"泡沫积木球"，运动区的布艺小沙包成了"抢手货"。言言提着沙包兴奋地说："太好了，这个就是我们要的冰球！"

图3-17  布艺小沙包

经"明察暗访"，教师发现：为打发漫长疫情假期，班里几个家庭的家长在追偶像剧，剧中主人公有一个"冰球梦"。家长的追剧行为也影响着幼儿们，于是出现了令幼儿们乐此不疲的"脚踩积木式"溜冰和羽毛球拍"赶球"的游戏。

有了沙包"冰球"。幼儿们接下来会怎么玩呢？老师决定继续观察。

## 二、教师对游戏的观察及思考

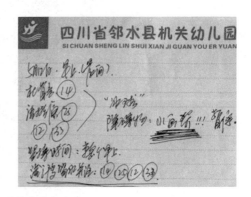

图3-18  教师对游戏的观察

5月9日晨间，杨淳瑞、唐斌原开始脚踩"积木溜冰鞋"用球拍赶"冰球"，因"溜冰鞋"与地面摩擦太大，行动迟缓，玩了一会儿觉得不过瘾，索性把"积木溜冰鞋"去掉，奔跑着赶球。

5月9日下午：陈星睿加入，几个幼儿继续用积木追赶布球，跑得满头大汗，气喘吁吁。

5月12日晨间：唐斌原、杜首言继续用网拍追赶布球，坚持时间长达27分钟。

5月13日晨间：杜首言、唐斌原和几个幼儿玩着赶球游戏，有小朋友问"你们玩儿的是什么"时，他们几个个不约而同地说："在打冰球。"

### 第一次教研——基于观察幼儿持续游戏引发的思考

**参与者：**班级教师

**话题：**

（1）幼儿为什么对"冰球"游戏有着持续的强烈兴趣？

（2）"冰球"游戏中，幼儿发展的价值在哪里？

（3）是否需要引导幼儿了解规范的冰球玩法？

**教师的分析：**

（1）兴趣和需要。疫情期间，幼儿几乎几个月足不出户，回到幼儿园，便似回到了释放身体能量的自由天地，他们对运动的渴求较以往任何时候都强烈。

（2）教育价值。"冰球"游戏是竞技类体育游戏，将发展幼儿走、跑、跳、追、躲、闪等动作技能及身体灵敏性、协调性、柔韧性，提高幼儿运动能力，增强体质。同时，在游戏中，幼儿在交往、协作、坚持、挑战、团队精神、规则意识、问题解决等方面将获得发展，在胜利与失败中获得不同的情感体验，磨砺意志，进而培养良好的生活态度与积极的竞技意识，树立正确的胜负观。

现在，幼儿自发玩起"冰球"游戏，并持续进行着，这不正是我们支持幼儿学习冰球比赛和规则的契机吗？

**支持策略：**

（1）追随幼儿兴趣继续跟踪、观察，尽可能以视频方式记录游戏过程。

（2）不干预幼儿自创的"冰球比赛"，等待幼儿发现问题、解决问题，生成自己的游戏规则。

（3）暂不引导幼儿了解规范的冰球游戏玩法。

## 三、游戏实录及教研

第一阶段：5月12—14日

时间：5月12日上午

地点：中二班活动室

参与幼儿：唐斌原、杜首言、陈星睿

观察者：李美欣

晨间活动时间，斌原、言言、睿睿等几个小男孩拿着幼儿球拍追赶着小布球，杜首言将球赶到小画架下面。杜首言喊："嘿，我赢了。"幼儿们发现，球应该赶到一个"地方"才算赢。于是，"画架球门"产生了。

小画架成了他们的"球门"，他们彼此约定将球打到"画架"的位置就暂停，然后再继续游戏，兴趣浓厚。

时间：5月13日上午

地点：中二班活动室

参与幼儿：刘侈奇、朱思颖、唐斌原、杜首言、陈星睿、杨淳瑞

观察者：李美欣

侈奇、思颖两位新成员加入以后，并没有在活动室摆上小画架来做"球门"，而是将球用球拍赶到桌子底下，并大声说"进球"。斌原、言言、睿睿三个小男孩也赞成两位新成员的新办法，跟着将球打入桌子底下，并大声说："进球。"

**图3-19 活动剪影1**

　　言言将小布球拿到教师面前，并邀请道："李老师，快开始吧。"一旁的斌原也跑过来说："要裁判才可以发球。"但言言示意要教师加入并要求教师发球："你说各就各位，预备，开始，然后你就开始扔球。"教师便伺机问："那怎样才算赢呢？"言言和斌原异口同声地回答："打到桌子底下就赢了。"

　　教师迅速将球随意扔出后，"球员"开始赶球，言言在追赶时用手拿着小布球，斌原立刻做出"X"的手势并大声说："这是作弊，不能用手拿。"斌原坚持"不能用手拿"，并与言言达成了共识。当淳瑞用球拍追赶球用手拿起球后，言言便主动示意他："嘿，这是犯规！"言言将带线的小布球在空中旋转后，用力抛出去，"冰球"运动员便收到"游戏开始的指令"，小伙伴继续玩了起来。

　　这是一个收获颇丰的早上，几个幼儿在游戏中建立了第一个规则——"不能用手拿"。这个口头约定都自觉地被大家遵守着。将带线的小布球在空中旋转起来后扔出去，成为"冰球运动"独具一格的发球方式。

　　时间：5月13日下午

　　地点：中二班活动室

　　参与幼儿：唐斌原、杜首言

　　观察者：李美欣

　　言言与斌原是两位最先发起"冰球"运动的老队员，他们主动拿着球拍进行PK，兴趣非常浓厚。一旁有十来个小朋友，给他们助威呐喊："加油唐斌原，加油杜首言。"

　　游戏结束，斌原意犹未尽地说："要分数一样高才可以结束。"言言马上说："比赛最重要的不是输赢，开心才是最重要的。"

　　时间：5月14日上午

　　地点：中二班活动室

　　参与幼儿：唐斌原、杜首言、陈星睿、杨淳瑞

　　观察者：李美欣

　　几位小朋友拿着拍子，继续游戏。但他们没有分组分队。言言从建构区找来了头盔并戴在头上，其他小朋友见状，也纷纷找来头盔戴在头上，言言还

说："滑板车就要戴护具呀。"

图3-20　活动剪影2

幼儿们在游戏中有了自我保护意识，并尝试着戴着头盔打"冰球"，但是反复尝试以后发现：戴着头盔打球很不方便，头盔很容易在追赶的过程中掉在地上，甚至有小朋友一边跑着打球，一边用手按住头盔。最后幼儿们商量决定：只要拍子不打头，不戴头盔也会很安全。

不一会儿，言言在赶球的时候，用脚将球挡到外面，斌原大声说："不能用脚啊。"——这是"冰球"运动出现的第二个规则。当游戏结束时，斌原与言言争论着谁输谁赢的问题，斌原提出要两个篮筐，还指着活动室的两个方向说："这是中国篮筐，这是日本篮筐……"幼儿用"篮筐"表征"球门"，在游戏中产生了强烈地想要两个球门的愿望。

图3-21　活动剪影3

　　"冰球观众"玉桀主动找阳茗希聊起了起来："阳茗希，你是不是杜首言的观众啊？""杜首言赢了吗？""是不是杜首言先赢……"幼儿表现出了对球员的喜欢，"冰球"运动员有了粉丝。

　　教师采访部分"观众"，想调查其他幼儿对"冰球运动"的了解："酷极""刺激""玩起来好好玩哦""很威风""很好玩儿"。幼儿谈论着"冰球"运动，并表现出强烈的喜欢与浓厚的兴趣。当教师问及幼儿"还可以有什么规则"时，幼儿首先想到"怎样分队"的问题，并提出："两个队好些，一个蓝队一个红队。"

**第二次教研——初探"冰球游戏"的玩法**

**参与者**：中班年级组11名教师

**观察与发现**：

（1）"冰球"游戏在成人看起来"打得很乱""很慢"。

（2）一些没玩冰球游戏的幼儿喜欢围观，冰球运动员有了粉丝。

（3）球队没有严格的角逐双方，分组随意，有时按拿到球拍的先后顺序来分组，有时几个好朋友为一组。

（4）约定形成规则一：不能用手拿，不能用脚踢。

（5）"冰球"玩法："要分队玩""要两个不同篮筐（球门）"。

**讨论与分析**：

　　幼儿在冰球游戏玩法的探索过程中，常常争执很久才会产生一个共同认可的玩法，打一球后又开始争执，如此反复，非常考验观察者和游戏者的耐心。我们认为：这个过程十分宝贵，诸多的学习正是在这样充满矛盾、纠纷不断的过程中产生的，我们要做的就是等待。

　　幼儿提出"分队玩"，开始有了合作、竞争的意识。

**支持策略**：

（1）支持幼儿按球拍颜色分为蓝队、红队的想法，鼓励幼儿分队。

（2）引导幼儿观察活动室两端的区域器械，寻找现成的"篮筐"（球门）。支持幼儿将美工区的桌子与中一班的过道当作球门。

（3）教师继续跟踪观察。

第二阶段：5月15-18日

时间：5月15日晨间

地点：中二班活动室

参与幼儿：朱思颖、刘婉然、杨淳瑞、王逸辰、李佳茂、唐斌原、周衍戈、吕芷涵。

观察者：李美欣、王艺

"冰球运动"队伍壮大了起来，思颖、婉然、逸辰、佳茂等几个幼儿加入了游戏。斌原告诉大家"不用手拿、不用脚踢"的规则，还时不时冒出喊道："李佳茂，守住球门儿。"一群"冰球运动员"自主地游戏着。但过了一会儿大家却又吵了起来。

婉然："太多人了，太多人了，太多蓝队了。"

淳瑞："为什么我们打不过呢？因为……（幼儿焦急地想表达是由于自己那一队人比较少所以输了）"他立刻数了数一起游戏的队员，发现："蓝队有4个人，红队只有3个人。"

斌原将六个幼儿平分后说道："我们三个一队，你们三个一队。"可没过一会儿组员又变了，有时候一个人一组，有时候两个好朋友为一组，有时候生气了临时换组员，有时候依着顺序轮流打球……他们用自己的方法组合打球，虽组员不清，但每次进球后都欢呼雀跃。

衍戈发现分队太乱的问题，说："我们四个人的能力比三个人强，这可不公平。"

芷涵："有一个必须来当裁判，不然不公平。"

幼儿第一次提出要"裁判"，源于某一队人数多了，想用"多余的一个人当裁判"的方法来解决人数不一样的问题。

时间：5月15日上午

地点：中二班活动室

参与幼儿：杜首言、王逸辰、李佳茂、唐斌原、刘婉然等7名幼儿。

观察者：王艺、李美欣

幼儿们的关注点持续在人数问题上面，越来越多的"球员"在打球的时候会去关注有几个队，每个队有多少人，要求公平。

佳茂："没有这个（球拍）的人就当裁判。"

婉然："杜首言当裁判……"

幼儿用设置裁判角色的方法解决了两组球员不一样多的问题，然后继续着他们的游戏。

时间：5月18日上午

地点：中二班活动室

参与幼儿：李佳茂、唐斌原、吕芷涵、刘婉然等6名幼儿等。

观察者：王艺、李美欣

佳茂发现"球门"始终只有一个，斌原也一直坚持想要两个"球门"，却一直没有找到合适的材料。游戏进行中，佳茂忽然停下来指着脚下与对面两个方向说："这里是红队的球门，那里是蓝队的球门，这样可不可以？"更多的幼儿有了需要两个"球门"的愿望。

佳茂："这里是蓝队，那里是红队。"

斌原："好，这里是蓝队，那里是红队。"

芷涵："裁判也要有三个，才能看到更多的人犯规。"队员们达成了共识。

**第三次教研——"裁判规则"问题**

**参与者**：班级三位老师

**观察与发现**：

（1）新球员越来越多。因为分队后球赛更激烈，激发了幼儿更多的游戏兴趣。

（2）"冰球"玩法——两队人数要一样多。幼儿们发现两队人数不对等、不公平，提出"你们三个，我们三个"。

（3）"冰球"玩法——要裁判。幼儿们提出："有一个人必须当裁判。"

**讨论与分析**：

（1）新球员不断增加，反映出"冰球比赛"的热度。我们认为：放手让幼儿们继续探索游戏，让老球员带出一个个新球员，于幼儿们是很好的学习和发展的方法。

（2）幼儿们想要两队人数一样多，但每次比赛现场人数都在变化，每组队员究竟多少才合适呢？

（3）游戏发展中幼儿有了"裁判"角色的需求，因为他们发现：我说我赢了不算，你说你赢了也不算，需要第三人的公正评价。但多数幼儿并不了解"裁判规则"，不知道怎么当"裁判"。

**支持策略：**

（1）建议幼儿们回家看中央台体育频道，了解各类体育赛事并关注裁判做些什么，为幼儿建立"冰球比赛"的专属裁判规则做经验铺垫。

（2）益智区投放可供点数的纽扣等操作材料及10以内数卡。

第三阶段：5月19日—6月5日

时间：5月19日上午

地点：中二班活动室

参与幼儿："冰球"队员、裁判、观众

观察者：王艺、李美欣

游戏时间，更多的新成员加入了游戏。

倪阁："冰球可以选择模式，有暂停模式、有进攻模式、有抢劫（球）模式。"

航颐："红队有人受伤了。"

薪尧："我想当裁判，我要练习。"

……

时间：5月25日上午

地点：中二班活动室

参与幼儿：冰球游戏参与者

观察者：王艺、李美欣

"冰球"运动持续火爆，队伍也越来越壮大。言言向我借话筒说要当裁判，还将"桌子球筐"用屏风挡住了桌子的一面，说只要两个进球的"洞"，同时还邀请同伴们都来观看。比赛开始，言言大声喊："One，two，three——go！"同时，她空中旋转着小布球，口令结束，球也抛出，队员们立刻赶球进筐，观众们兴奋不已，大喊加油。

几局比赛下来，杜首言"One，two，three——go！"的发球口令与空中旋转式发球的方式都得到了队员与观众的认可。"冰球运动"有了新的发展。

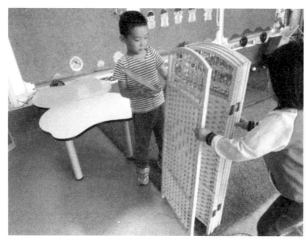

图3-22 活动剪影4

时间：5月25日下午

地点：中二班活动室

参与幼儿：孔薪尧、王逸辰、唐斌原、杜首言、甘子然、魏子骜、周衍戈等

观察者：王艺、李美欣

**现场讨论：**

辰辰从表演区找来黑色无镜片"眼镜镜框"戴上，普通的镜架瞬间升级为裁判的"装备"，尧尧与辰辰都想当裁判。

辰辰尝试着做裁判，但是他不清楚裁判的规则、站位。

教师："裁判应该站哪里？"

佳茂："裁判应该站在线上。"

星睿："裁判应该站边边。"

婉然："中间。"

佟奇："左边。"

斌原："裁判要跑到我们的前面去，在后面看不到我们有没有作弊。"

**集体讨论（活动室）：**

衍戈："裁判应该站在中间，站在中间指挥，他们两边才能听到，要不然站在边上只有一边听得到。"

教师提问："什么是中间？"

言言："有'+'号的地方就是中间。"

子鹜："长方形里面有（中间），手里也有（中间），风扇也有中间，教室、操场也有中间。"

幼儿关于"中间"的自主探索：

（1）用脚丈量教室，尝试寻找中间。

（2）用手比画桌子，尝试寻找中间。

（3）目测较小物体，直接指出中间。

（4）尝试将正方形纸多次折叠后，找到中间（中点），如下图。

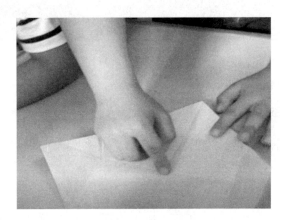

图3-23　活动剪影5

时间：6月1日下午

地点：中二班活动室

参与幼儿：王逸辰、唐斌原、陈星睿、夏欣等

观察者：王艺、李美欣

辰辰戴上镜框，当起了裁判。他们自主玩球。

休息的时候，辰辰说："老师，蓝队把球打进自己的篮筐（球门）里？"裁判质疑进球规则，并提出解决办法："蓝队应该把球打进红队的篮筐（球门）里。"

时间：6月2日下午

地点：中二班活动室

参与幼儿：王逸辰等多名幼儿

观察者：王艺、李美欣

"冰球"有了新球门——活动室的墙与玩具架的转角处。裁判抱着"奖杯"奔跑，为进球的球员"发奖"。

"冰球"游戏每天都有很多局，当教师问及"什么时候结束球赛"时，幼儿在打了多局以后仍然以"还没有打呢"的方式回应，表现出对游戏浓厚的兴趣，幼儿们都不想结束比赛。

时间：6月3日—5日

地点：中二班活动室

参与幼儿：杨淳瑞、唐斌原、杜首言、周衍戈、陈星睿等

观察者：王艺、李美欣

球员们在建构区找到了"PVC架子"用来做"球门"。有了一定规则的"冰球"游戏在持续了一段时间以后，爱打"冰球"的部分幼儿的兴趣减弱了。

观察发现：斌原、言言、衍戈、星睿等七八个幼儿已经是"冰球"游戏的老队员了，其他新加入的部分幼儿不能很好地遵守"冰球"游戏规则，部分老队员便不愿意跟新队员一起玩。

老队员淳瑞跟往常一样去邀请斌原，斌原拒绝了他的邀请，在其他区域玩起来，淳瑞又去找言言，被拒绝后的淳瑞拿着拍子和"冰球"到处找同伴，找了几个不太会打"冰球"的小朋友，主动介绍规则玩了起来。

"为什么老队员不想打'冰球'了？"引起了教师的思考。

**第四次教研——"幼儿兴趣减弱"问题**

**参与者**：班级教师

**观察与发现：**

（1）幼儿们获得的裁判经验：

裁判装备：眼镜、口哨、小红旗

裁判站位：从活动室边上移动到中间，再发展到跟球跑。

裁判口令：One、two、three——go!

裁判人数：2人。

裁判工作：发口令，颁奖，犯规叫停。

裁判权威：暂停模式，进攻模式，抢劫（拦截）模式。

（2）冰球玩法：打五局。

（3）改进球门：用屏风挡住桌子下面的洞——墙与玩具架间的缝隙当球门——PVC架子球门

（4）一段时间后，游戏发起者、最喜欢打"冰球"的斌原、言言等人对"打冰球"不太感兴趣了。

**讨论与分析：**

（1）询问幼儿后，我们认为：游戏水平高的几个幼儿并非真正对游戏失去兴趣，一是因为大家觉得裁判最权威，都千方百计想要当裁判；二是因为他们的游戏水平远远高于其他新成员，觉得与新队员打球没劲；三是因为每天玩"冰球"都是在活动室，施展不开，玩得不过瘾。

（2）无竞赛感便缺乏激情，无观众便缺乏成就感。

**支持策略：**

（1）鼓励幼儿观看国际冰球比赛视频，激发幼儿挑战大场地"冰球"游戏的兴趣。

（2）实地了解幼儿园操场，鼓励幼儿为户外"冰球大赛"做各种准备。

第四阶段：：6月8日-7月6日

时间：6月8—10日

地点：中二班活动室、教室

参与幼儿：班级"冰球"运动爱好者约20人

观察者：王艺、李美欣

**筹备比赛与分组：**

教师户外"冰球"赛的提议，激发了幼儿们比赛的热情。幼儿们纷纷提议："冰球"比赛需要裁判证、记分牌、奖杯等。幼儿们根据自己意愿进行分组，并积极地参与到制作计划中。

裁判组：昌芷伊、章梓墨。两位小朋友找来了剪刀和废旧的小布片，准备制作一个可以夹在衣服上的"裁判证"。

奖杯组：杜首言、唐斌原、甘子然。他们找来了泡沫积木和贴纸制作"奖杯"。

记分牌组：王逸辰等多位小朋友。

记分牌组制作的方法与步骤如下：

（1）尝试制作记分牌：在纸上随意写画数字。

（2）改进记分牌：尝试用"镂空拓图+数字"做记分牌。

（3）将拓好的图平铺在地上，解决"图形与数字太多很难找"的问题。

（4）找不到自己需要的数字，便按需要补充填写后，按数字顺序整理好。

（5）确认数字顺序。

幼儿将"球门"再次改变后换成了屏风。

戴上"镜框"的裁判孔薪尧，每天早上布置球门，为球队服务。

时间：6月11—15日

地点：中二班活动室、教室

参与幼儿：周衍戈等13名幼儿

观察者：王艺、李美欣

（1）"屏风球门"：屏风在打球的时候易被队员碰倒，幼儿们商量后，找来了许多材料加固"屏风球门"。

（2）想要"冰球"观众：球员需要观众，幼儿提出"要给红队蓝队加油，没有打冰球的可以给我们加油。"

**图3-24  活动剪影6**

时间：6月16日上午

地点：中二班活动室、教室

参与幼儿：班级"冰球"运动爱好者

观察者：王艺、李美欣

（1）比赛秩序：冰球比赛准备就绪，裁判组织队员比赛。裁判要求队员排好队，队员秩序好了很多。

（2）"边线"规则：幼儿用积木将"球场"围了起来，但并未提出"打出积木以外就是犯规"的比赛规则。听到有人说"犯规"时，球员与裁判并不在意。

（3）规则遵守的坚持：幼儿继续"冰球"比赛，遵守着"不用手拿，不用脚踢"的约定，出色的守门员收获了不少粉丝的青睐。

（4）观众反应：观众激烈地呐喊助威，高呼加油。

（5）发现问题：裁判游戏中发现游戏新规则——打到边边的垫子上也是犯规。

（6）商量后，球员们同意裁判说的"打到最边边是犯规"，继续比赛。突然，一位球员将"冰球"打到了隔壁班的走廊里，大家都大声喊"犯规，犯规"。裁判说话："不能打到外面楼梯口，打到楼梯口也算犯规。"球员与裁判一致同意"打到积木边线外就是犯规"后，继续游戏。

（7）比赛进行：幼儿自主组织着简易的"冰球"比赛：进球—得分—翻记分牌（蓝队赢）。

**图3-25　活动剪影7**

时间：6月17—22日

地点：中二班活动室、教室

参与幼儿：孔薪尧等10名幼儿

观察者：王艺、李美欣

每天早上，打"冰球"成了幼儿们的必备运动。裁判孔薪尧通过"变化球门位置"的方法吸引了各组球员参加游戏。

时间：6月17—23日

地点：中二班活动室、教室

参与幼儿：孔薪尧等班级"冰球"运动爱好者

观察者：王艺、李美欣

裁判薪尧从家里带来了口哨，并在队员犯规时无规则地吹响示意。尧尧告诉队员："两个人出场，犯规的人就要出去当观众。"可队员常常不同意裁判的裁决，所以每天早上，队员们与裁判吵得厉害，争吵占用了打球的时间。

时间：7月1—2日

地点：中二班活动室、教室

参与幼儿：孔薪尧等8名幼儿

观察者：王艺、李美欣

（1）为了当好裁判，尧尧不忘练习"吹口哨"。

（2）裁判用约定好的方式"吹犯规"，但仍坚持"打到外面去了也是犯规"的原则，并与球员激动地说明规则——"你们出球啦"。球员为了解决"出球啦"，避免"犯规"的问题，纷纷找来板凳等其他材料围成"边线"，球门再次升级成功。在反复游戏的过程中，裁判与球员达成默契——"犯规后重来"。

（3）裁判解释自己的"口哨示意"与"动作示意"后，增加小红旗表演"犯规手势与吹口哨方式"，并征求其他幼儿的意见。

时间：7月3日

地点：中二班活动室、教室

参与幼儿：王逸辰、孔薪尧等

观察者：李美欣

（1）"红旗、镜框、口哨"成为裁判标配，深受球员们的喜爱，没有带口哨的辰辰便在一旁自创"恐龙打冰球"游戏，还给恐龙们当起了裁判。

（2）想当裁判的辰辰，自制了一个"吸管夹子"做口哨。（使用材料：吸管、夹子等）

图3-26  活动剪影8

时间：7月6日

地点：幼儿园大操场上

参与幼儿：全班幼儿

观察者：李美欣

（1）确定发球口令为："One、two、three——go！"

（2）期待已久的"冰球"大赛终于开始了，幼儿们兴奋不已，按照之前的各种约定，进行着一场激动人心的"冰球"比赛。

（3）比赛结果：当"球门"变成独轮车时，守门员直接用身体堵住了"球门"，整场比赛下来，结果为0：0。

图3-27　活动剪影9

**第五次教研——球门**

**参与者**：中班年级组11名教师。

**前期观察发现**：

"冰球大赛"的材料探索：制作记分牌、裁判证、奖杯。

"冰球大赛"规则探索：设置球场边界。

犯规时裁判吹哨叫停。

裁判要有小红旗。

幼儿们的需求：需要观众；"没有打'冰球'的小朋友来为我们加油"。

问题发现：当一切准备就绪，首次户外球赛终于如期举行。幼儿们临时使用小推车当球门，拼了一下午，一个球没进，比赛打成0∶0。因此，他们略显失落。

教师讨论分析：0：0比赛结果的主要原因是"独轮车球门"太小，守门员往前一站便形成了一道坚实的防线，使球员进球要难。

"冰球"球门发展历程：小画架球门—小桌子球门—挡住桌子两侧洞口的球门—屏风球门—PVC管球门—独轮车球门。

思考与计划：能否让幼儿们拥有一个适宜的球门呢？

**支持策略：**

（1）师幼一同回顾游戏中所有使用过的球门，幼儿们设计自己喜欢且适宜的球门。

（2）在运动区附近投放废弃的挂睡衣的PVC管架子、网、麻绳等材料，供幼儿们发现与选用。

第五阶段：7月9—10日

时间：7月9日

地点：中二班活动室、户外操场

参与幼儿：刘婉然、吕芷涵、周衍戈、代铭泽等

观察者：李美欣、王艺

发现与计划：发现教师在"冰球"区附近投放的网与麻绳后，幼儿们比画着想要做一个"网状球门"。

"球门"制作：

（1）幼儿发现问题："一张网，要做两个球门，怎么办？"

（2）计划、假设、商量、尝试做标记。

（3）解决了"网太大，摆不下"的问题，幼儿们来到户外，计划寻找工具来剪大网，可从哪里开始剪呢？

（4）大家商量要从网的中间剪开，便从附近的水区拿来了不同的材料寻找"网的中间"。

（5）尝试使用多种材料—比较材料长短—材料"接长"—调整材料距离—身体测量—找到"一样长"的材料。

（6）做标记，剪开网。

（7）学习打结。

（8）两个球网自动分成了两个组，幼儿用绳子、网、剪刀、透明胶布等材料将网固定在PVC管道上。

"球门"再次升级成功，新的"球门"吸引了裁判和球员，大家纷纷要去宽敞的大操场打比赛。

时间：7月10日上午

地点：幼儿园大操场

参与幼儿：中二班全体师幼

观察者：李美欣、王艺

比赛中，裁判临时新增了所有球员"呼喊口号"的环节，精彩的"冰球"比赛在大操场拉开了序幕。当球员听到"暂停"声与口哨声时，自动停止打球动作。途中还再次邀请老师当裁判。比赛结果为1：0时，输了的红队球员小铭泽与芷涵哭了。

**图3-28 活动剪影10**

小朋友顿时纷纷安慰："不可以放弃，可以输。"

衍戈："可以输，绝不能逃避，逃避才是真正的输。"

言言："逃避就是放弃。"

婉然："代铭泽哭了，但是哭了一会儿就不要哭了，再来继续打。"

看到红队的队员哭了，赢了球的"资深冰球队员"言言决定："最后一局比赛，满分十分，哪个队十分（赢）了，就给哪个队发奖状。"

一场"眼泪后的球赛"开始了……

**图3-29　活动剪影11**

虽然最后由于球出线后打成了平局，幼儿们也一致决定"下次再来PK。"但是他们忘了，明天就是暑假的第一天了……

## 四、总结性教研——"冰球"大战游戏案例观摩评析

主持人：谢萍（园长）

参与者：贺雄英、李美欣及各年级教研组长

**（一）观摩中二班"冰球大战"游戏视频，自由发言**

**1. 游戏的发起、价值与意义**

（1）游戏是谁发起的？教育契机在哪里？

（2）运动游戏的核心价值与意义是什么？

（3）游戏规则是怎样形成的？

（4）本活动还有哪些教育契机可以被教师跟进或挖掘？

（5）教师如何支持以实现游戏的推进与发展？

**2. 幼儿在游戏中获得的发展**

（1）激发与培养了运动兴趣。

（2）数学感知、规则意识、社会交往、团结合作、解决问题等能力以及勇敢自信、敢于面对困难等良好品质的发展。

（3）在胜利与失败中获得了不同的情感体验，树立了正确的胜负观。

**3. 游戏中教师教育智慧的体现**

（1）教师对幼儿的尊重，持续的观察、跟踪、记录与分析。

（2）教师放手幼儿游戏，相信幼儿能用自己的办法解决游戏中遇到的问题。

（3）视频跟录，回顾讨论环节让游戏真实再现，幼儿观看自己的游戏视频可以客观地评价游戏。

（4）在幼儿兴趣减弱的时候，积极营造比赛氛围，激发幼儿竞赛兴趣。

（5）材料投放巧妙且具目的性。

**4. 分析中二班幼儿规则意识形成与游戏自主的原因**

（1）小班幼儿规则意识形成初期，李美欣老师的案例"从我到我们"让幼儿在体验、感知中建立区角规则，较大程度地发挥了小班幼儿的自主性。

（2）以"相信幼儿是有能力的学习者与沟通者"为班级理念，尊重幼儿，从小班开始，使规则从幼儿中来。

（3）教师长期坚持对班级幼儿的观察、记录与分析。

**（二）自创"冰球"游戏与国际冰球运动**

基于幼儿年龄特征下的学习与发展规律，我们更看重幼儿自创的"冰球"游戏。但可介绍国际冰球运动，让幼儿向往真正的冰球运动，有持久的兴趣去探索冰球运动。

**（三）后续思考与建议**

（1）继续"冰球"游戏的开展。本着"相信、尊重、支持"的原则，继续放手游戏，实时跟进幼儿的游戏进程。

（2）班级投放不同运动项目的器材，了解其他体育运动，让幼儿有不同的运动游戏选择，如棒垒球运动、篮球运动等。培养幼儿对体育运动的兴趣，帮助幼儿感知体育运动的魅力。

（3）尝试帮助幼儿实现"冰球"运动的愿望——穿着溜冰鞋打冰球。

## 五、后记

哈佛大学医学院副教授、神经精神医学专家约翰·瑞迪在《运动改造大脑》一书中写道：运动最关键的作用是强健或改善大脑。那么，让幼儿们继续在他们的运动场上奔跑角逐去吧！

我们甘愿做他们的大粉丝。即便回头发现运动员没有号码牌，即便裁判转眼变成了守门员，即便偶尔是敌是友分不清，甚至狂言他们打的才是真正的"冰球"……可那有什么关系？他们矫健敏捷的身姿，他们进球后的雀跃，他们大汗淋漓的脸庞，他们挫败却坚韧的泪滴都让我们折服，让我们仿佛看到了他们未来自信自立的样子。

（"'冰球'大战"获四川省幼儿园游戏案例一等奖）

# 户外游戏活动探索实录

## ——"疯狂的树叶"系列活动分享

四川省三台县潼川第二幼儿园　章　敏

《指南》指出：幼儿学习的核心是激发探究兴趣，体验探究过程，发展初步的探究能力。幼儿园里，只有幼儿们积极投入活动过程并充分探索、交往与表现，"拥有一个幸福快乐的童年"才不会仅仅只是口号。下面，笔者以我园首届"疯狂的树叶"系列活动为例，谈谈我园是怎样站在幼儿的视角做到"让教育回归生活，把游戏还给幼儿"。

## 一、活动背景

### （一）幼儿的兴趣

晨间接待时，一大群幼儿围在薇薇身边，叽叽喳喳吵个没完，看到笔者走过去，幼儿们嚷嚷起来："园长妈妈，看薇薇的新娘照哦""哇，薇薇像神仙"。森森的声音最大："园长妈妈，昨天我还看见好多这种树叶在天上飞哦！"笔者一看，真美！漫天飞舞的银杏树叶，穿着红裙追逐落叶的薇薇……难怪幼儿们羡慕。《纲要》指出：幼儿园教育要寓于生活和游戏中。看到越来越多的幼儿加入讨论中，对银杏树叶特别感兴趣，笔者与幼儿们达成共识——把银杏叶搬进幼儿园，全园开展一次"疯狂的银杏叶"游戏活动。

### （二）教师预期目标

在幼儿们自主游戏的基础上，教师陪伴、追随、聆听、观察幼儿，并根据幼儿们的行为和表现，引导他们不断探索新的游戏，促进他们观察、比较、分析、创造等综合能力的发展，从而让他们自主了解自然，探索自然，热爱自然。

**（三）活动前准备**

**1. 经验准备**

幼儿们收集银杏树叶后，通过看看、摸摸、闻闻知道银杏树叶是扇形的，树叶颜色有黄有绿，颜色较深较光滑为正面、颜色较浅较粗糙的是背面，叶脉细细的像一张网……并和家长一起收集银杏树叶的资料。

**2. 物质准备**

班级里常用的玩具盒、贝壳碟、游泳圈、小铲子等；幼儿们戴的围巾、外衣等；幼儿园的小车、滚筒、滑梯等各类中小型玩具；幼儿园大环境。

**3. 环境创设**

银杏叶满铺近千平方米的幼儿园操场，班级玩具架与园中小型玩具均呈开放状态。（《游戏中的一百种"对话"》中提出：要让幼儿游戏深入持久地进行，环境的支持至关重要。）

**（四）游戏规则**

（1）幼儿自主参与游戏。

（2）幼儿们自主选择活动材料的数量、形式。

（3）创造性地进行组合、搭配活动材料或利用幼儿园环境创造性地开展游戏活动。

**（五）玩法**

（1）树叶大变身。

（2）树叶滑梯。

（3）树叶床。

（4）骑车去打仗。

（5）旋转吧！滚筒！

（6）打地鼠。

（7）树叶造型。

……

## 二、活动内容与过程实录

### （一）尝试树叶的多种玩法，通过自主游戏激发幼儿的创造力

**1. 老师、幼儿对话**

老师：小朋友都很厉害，我们收集了很多的银杏树叶，怎样和它们玩游戏呢？

幼儿：这些树叶可以跳舞！

老师：树叶是怎么跳舞的？

幼儿手拿树叶模拟树叶掉落时的轨迹。（老师曾经做过这个动作，幼儿记住并模仿，还发挥想象力，觉得像是在跳舞）

老师：树叶可以跳舞，这个玩法很有创意，你还有其他的玩法吗？一起来玩玩吧！

**2. 幼儿自主游戏，教师观察，个别引导**

（1）树叶大变身

幼儿们看到满园的银杏树叶，什么也没想就玩起来，捧起树叶相互抛。

有些幼儿们喊着：下雨了，下雨了！有些幼儿边抛边喊：结婚了！结婚了！嬉笑追逐，玩得不亦乐乎。小蒲和瑶瑶在操场的长廊里追打嬉戏。老师问道：你们在干什么呀？瑶瑶说：我们在用树叶打仗呀！

几个幼儿聚集过来把树叶抛向老师，老师笑着躲开，用树叶回击，幼儿们都跑来了，老师赶忙跑开，夏雨菲跑过来说："老师，我们来玩植物大战僵尸吧！"（师幼曾经玩过植物大战僵尸的游戏，幼儿们能用已有经验创造新的游戏）

（2）下大雨啦

蕊蕊和小静找到两个小铲子，两人铲着树叶相互抛。有小朋友从她们面前跑过的时候，她们也会把树叶抛向其他小朋友。有小朋友去找小铲子，他们发现用小铲子更加方便。老师夸奖道：你们增加了新的道具，真棒！

心怡拿来玩具盒，装了满满一盒银杏树叶，用力向上抛去，嘴里喊着："下雨了！下雨了！"树叶全都掉在心怡的身上，老师说："心怡的雨下大了，把自己都淋湿了！"

反思：幼儿们发现使用工具的乐趣，老师及时给予肯定支持，并为幼儿创设一个自主选择、开放的物资环境。

（3）让暴风雨更猛烈些吧

几个幼儿跑上二楼，把银杏树叶从楼上向下抛洒，楼下的幼儿伸出小手接落下的树叶，接到树叶后又抛向空中。

有人在楼上抛，有人在楼下接，幼儿们反复玩着，笑着。

幼儿们发现用双手运树叶太慢了，几个女幼儿用围巾包着叶子运上二楼，这样每一次可以多运点树叶。

几个幼儿拿来了玩具盒、贝壳碟，运了更多的树叶向下倒去，下面的幼儿更高兴了，也拿来玩具盒、贝壳碟，在下面接着，大部分的幼儿聚集在一起玩抛洒树叶的游戏。

老师喊道："这是最大的树叶雨了！"（一个幼儿开始使用道具，幼儿们就开始模仿，树叶的玩法越来越丰富，这是榜样的力量。）

（4）树叶滑梯

几个幼儿把树叶运到大型玩具上向下抛洒，很快，大型玩具旁边也聚集了一些幼儿。

潇潇带着树叶从滑梯上滑下来，树叶随着她的滑动飞舞起来，潇潇说："这个是树叶滑梯！"一会儿，小朋友都学会了树叶滑梯的玩法。

（5）流动的树叶

心怡和几个小伙伴把树叶堆在一起，越堆越高的树叶哗一下倒下。

心怡（笑着）：这是流动的树叶！

老师：流动的树叶，这个很有创意，你们在玩什么游戏？

心怡：我们用树叶来堆雪人！

老师：哦，堆雪人！

（其他几个幼儿们玩着同样的游戏）

笔者：你们也在玩堆雪人的游戏吗？

佳佳：我们这个是冰山！

妞妞：不是，我们在玩堆沙堆！（对同样的游戏，在幼儿眼中有着不同的解读，老师尊重每一个幼儿的想法，给予肯定）

（6）树叶床

诚诚一个人躺在一大片树叶上。老师问：诚诚，你在玩什么游戏呀！诚诚说："我在树叶床上面睡觉呢！"西西和小兰听到后马上往诚诚的身上撒树叶："盖被子！盖被子！"小林在地上滚来滚去地说："在床上该这么玩哦！"

老师说：你们把树叶变成了树叶床，很棒哦！（幼儿们相互合作游戏往往是随机发生的，却自然默契。）

（7）金色的海

一个幼儿躺在地上，手脚上下摆动。

老师：你在游泳吗？

正宇拿来了一个大游泳圈，仰躺着，双手前后摆动，好像在树叶上游泳，几个幼儿围在周围向他抛树叶，模仿水在流动。

老师：我猜猜，这是树叶海的游戏吧，这是一个很有创意的游戏！

几个幼儿把树叶放在游泳圈中间，填满游泳圈后小林还用小铲子拍了拍，然后坐在上面："坐沙发了！"

老师：这个沙发可真舒服呀！

其他幼儿看见后开始模仿合作游戏。

（8）骑车去打仗

小浩骑着三轮车，小森站在车后，手拿着玩具盒，抛洒树叶。车子在树叶上面飞过，小森抓紧扶手，样子有点狼狈，脸上却是兴奋的笑容："打仗了！打仗了！"

老师：骑车打仗，太帅了！

（9）旋转吧！滚筒

小菲拿来了滚筒，幼儿往滚筒里面装树叶，有些用玩具盒，有些用小铲子，一会就把滚筒装满了。小豪快速推着滚筒，树叶从滚筒里撒出来，掉没了，幼儿们又开始装树叶，开始新的一轮游戏。

（10）打地鼠

幼儿园的长廊有一堵轮胎墙，几个小朋友在轮胎洞里相互抛洒树叶，小君把头从轮胎洞里伸出来说："打地鼠啦！快来打地鼠！"一个幼儿赶忙上前"打地鼠"，小君一下就躲开了，换一个轮胎伸出头来。几个幼儿一起玩"打地鼠"的游戏。老师："这个游戏太好玩了！"

**3. 教师小结**

今天小朋友们用银杏树叶玩了很多有创意的游戏，有些小朋友把树叶变成了树叶雨，有些小朋友把树叶变成了树叶海，用了很多道具，想到很多好玩的游戏。

**（二）热门游戏：树叶造型**

**1. 教师用谈话的方式，引出主题**

老师：小朋友们用银杏树叶想到很多好玩的游戏，这次还能想到新的游戏吗？

幼儿：用树叶跳舞、变成树叶雨……

老师：这些游戏我们已经玩过了，还有不一样的吗？

诚诚：我和妈妈在网上看到，小朋友用银杏树叶做了一个大大的爱心，特别好看！

**2. 播放小视频，引出主题**

老师：诚诚妈妈已经把小视频发给我了，我们一起来看看吧！

**3. 幼儿观看用银杏树叶制作爱心的过程**

老师：我们分小组用银杏树叶来做造型吧！

**4. 分组自由讨论本组制作什么样的造型，老师巡回指导**

小组三的小朋友们的意见不一样，谁也不同意谁。

老师：如果小朋友的意见不一样的时候，应该怎样解决这个问题？

小航：可以用剪刀石头布的游戏来解决。

小涂：人少的听人多的。

老师：好的，小朋友自己解决，只需要告诉老师最后的决定就可以了。

讨论结束后，请组长讲解本组决定制作什么造型。

小组一：我们用树叶做一个翅膀。

小组二：我们做火锅，小朋友都可以吃。

小组三：我们来搭建房子。

小组四：我们也要做爱心。

老师：小视频里的小朋友已经做了爱心，可以做不一样的吗？

小组四：我们的爱心和小视频里的爱心不一样。

老师：好的，就制作你们自己设计的爱心吧！

小组五：我们要做一个大大的太阳。

小组六：我们要做不一样的汽车。

幼儿分组把设计好的造型画在图画纸上面，教师对细节进行引导。

老师：原来是火柴人推送的爱心，这个有创意。

老师：太阳的光原来是小朋友扮演的，你们这组的人太少，太阳光就少，这个怎么解决？

老师：我们要按照图纸来造型，小朋友们要画得准确哦！

**5. 分组制作，教师巡回指导**

（1）幼儿们在操场选择一块地方开始制作，老师协调各组之间的距离。

每组小朋友按照设计图纸来制作树叶造型。老师对细节进行指导。

小组二的小朋友围坐在做好的火锅旁边，诚诚拿着一片褐色的叶子说："看，火锅都煮糊了。"老师一看，褐色的叶子确实像煮糊的东西："确实是煮糊了呀！"小林说："这个火锅太辣了！"并做出被辣到的样子，惟妙惟肖。老师又问：辣到了，怎么办？幼儿：多喝水，喝饮料呀……

小组一的小朋友在天使翅膀做好以后轮流扮演天使，玩得很开心。

小组三的小朋友在作品完成后要在作品旁边摆造型，请老师给他们照相。

（2）作完成后，老师给每组的作品拍照，幼儿们站在二楼欣赏自己的作品。

## 三、活动的特点以及对幼儿学习发展的价值

（1）这是基于幼儿兴趣自然生成的一个系列游戏活动，在整个活动中先让幼儿到户外收集银杏树叶，支持鼓励幼儿大胆提出问题，发表不同的意见，幼儿们从课堂来到大自然，与自然融为一体。幼儿们看看、摸摸、闻闻，多感官感知树叶的特征，在收集树叶的同时也发现了很多树叶的秘密，收集了解银杏树叶的特征，提高了幼儿对于自然科学的兴趣。

（2）活动材料数量、形式的变化，满足幼儿不同活动阶段的需要，游戏难度层层推进，幼儿们主动进行自主探索和思考，并能创造性地组合、搭配活动材料，新的道具和银杏树叶结合起来产生了更多新的玩法，在丰富游戏内容的

同时提高了游戏的难度。

（3）幼儿们开始利用幼儿园的环境玩游戏，老师只需要为幼儿创设一种宽松、自由的氛围。在这种环境下，幼儿能够放开手脚，自由思考，从而激发想象力。

## 四、反思教师支持行为的适恰或不足

（1）当幼儿们发现使用工具的乐趣，老师及时给予肯定与支持，并在此基础上为幼儿提供多样化、能自主选择且开放的物资环境。老师的肯定支持推进活动材料数量、形式的变化，让自主游戏的难度逐步升级。

（2）我们鼓励幼儿们合作游戏的行为，并在游戏中总结合作的方法，通过老师树立合作榜样等方法培养幼儿在游戏中的合作意识。

（3）幼儿们带着兴趣自主地、积极地利用环境，创造性地开展游戏活动，使得有限的活动空间变得更开放、更丰富可选。老师明确在游戏中的角色定位，支持幼儿自己选择玩什么、在哪里玩、和谁一起玩，并给予正面的肯定，激发幼儿在游戏过程中的创造力。

（4）在自主游戏的过程中，老师始终则作为一个倾听者，为幼儿们的探究活动创造宽松的环境，在幼儿们从简单的抛洒、追逐游戏，到使用简单道具、随机自然产生的合作游戏，再到利用环境创造新的游戏的整个过程中，老师始终对幼儿的行为给予肯定，并引导幼儿实现游戏的逐步升级，进入到探索的下一个阶段。

（5）兴趣是最好的老师，幼儿们在自由的环境中无限地爆发了创造力。

## 五、分析可能生成的教育契机以及进一步的支持策略

（1）幼儿们在游戏过程中，可以自由选择小朋友组合成一个团队。我们不光要引导幼儿学习相应的知识，更要培养幼儿团队合作的精神。年龄小的幼儿合作意识不强，合作往往出于兴趣，大班幼儿已经能将合作的意向转化为行为，组长能在活动中主动承担组织领导工作，产生分歧的时候也能用沟通的方式解决问题。比如，小组五的小朋友觉得扮演太阳光应该有很多小朋友参加，因而在一个小组的人数太少的情况下，积极寻求其他小组的小朋友帮忙，由更

多小朋友扮演太阳光的角色，扩大了合作的范围。

（2）团队合作游戏，可以有效提升幼儿的沟通交流能力，遇到问题引导幼儿先分析问题，再思考解决问题的方法。能力强的幼儿能带动能力弱的幼儿一起完成作品，让幼儿们的综合能力都能得到提高，并在游戏过程中体验合作的乐趣。

（3）在开始创作之前，老师会给幼儿充分思考的时间，和个别幼儿进行交流，在幼儿们都思考清楚后，再开始创作。培养幼儿在做事情的时候先思考做事情的过程再开始做事的习惯。在活动过程中，老师说得最多的就是："你的想法很有创意！"老师鼓励幼儿们自由创作，充分发挥幼儿们的想象力和创造力。

# 现代幼儿园游戏化管理的有效实践路径

## ——以安吉幼儿园游戏化管理为例

四川省遂宁市英伦幼稚园　李晓春

2020年，国际学前教育协会发布年度调查报告显示，幼儿园游戏化教学与管理已经成为全球学前教育改革的热点话题之一。近几年，教育部学前教育司也发文要求遵循幼儿身心发展规律，实施科学保教，健全治理体系，堵住监管漏洞，促进幼儿健康快乐成长。其中，加强幼儿园游戏化课程、课堂、教研与管理等，成为新一轮学前教育改革发展的重要途径。

## 一、安吉幼儿园游戏化管理的现状及特色经验

### （一）管理现状

游戏化教学与管理已经成为安吉学前教育最亮眼的名片。起源于浙江安吉县的幼儿园游戏课程、游戏教学、游戏管理等，在国内学前教育界久负盛名。安吉幼儿园围绕幼儿小游戏做大文章，已经形成了一套比较完整系统的游戏化教学管理体系。从游戏化管理来看，安吉幼儿园立足不同学段、不同年龄、不同性别的幼儿，制定了细致可行的游戏化管理策略，保障幼儿健康快乐、全面发展。以浙江安吉智博幼儿园为例，其围绕游戏化教学，仅2019年以来，不到3年的时间就制定了16项专项管理制度，游戏化管理已经跳出了幼儿园时空范围，构建了"家园一体"全天候、全覆盖的管理新模式。总体上看，安吉幼儿园游戏化教学与管理走在国内前沿，给我国学前教育改革创新以积极启示与借鉴。

### （二）特色经验

深入分析安吉幼儿园游戏化管理的特色经验，可以归纳为如下几点：

一是具有"幼儿为本，教师为辅"管理思维。"幼儿为本"，幼儿不但是管理的对象，更是参与管理的主体。安吉幼儿园创新幼儿参与渠道，不断培养幼儿自我管理能力。教师在游戏化管理中，角色定位为管理的引导者、辅助者，其最终目的也是帮助幼儿更好地开展自我管理。

二是游戏化管理与育人目标紧密结合。安吉幼儿园所有的管理文化、管理制度、管理手段等都是围绕幼儿全面健康成长而开展。培养幼儿健全人格、良好品质，为他们一生发展扣好第一粒扣子。游戏化管理的最终目的就是为幼儿一生奠基，助力他们更好地顺应未来的学习、工作与生活。

三是构建全天候、全覆盖的游戏化管理人文环境。从幼儿习惯养成、品德教育、安全保障、知识与技能掌握等层面，积极开展"家园合作"，全天候、无死角关注、帮扶幼儿成长，让幼儿沉浸在游戏角色的扮演之中，潜移默化地推动他们健康快乐成长。

四是不断创新完善游戏化管理评价机制。以安吉智博幼儿园为例，它每年都对现有游戏化管理评价细则进行修订完善，实现过程性评价与终结性评价有机融合，客观公正评价每一个幼儿、每一名教师。

五是重视园际间合作共赢。不同地区之间的安吉幼儿园之间经常开展游戏化管理经验的交流，特别是线上平台互动，相互学习借鉴对方在游戏化管理中的最新做法、典型案例，甚至开展多家安吉幼儿园游戏化管理制度、管理方案等方面的创新合作。这为国内安吉幼儿园注入了源源不断的内生性发展活力。除此之外，国内多家安吉幼儿园签订联盟合作协议，实现更高层面的资源流动、师资置换等，这进一步擦亮了安吉游戏化管理的特色招牌。

## 二、加强现代幼儿园游戏化管理的有效路径

安吉游戏化教学与管理是国内学前教育创新发展的缩影和代表。幼儿园开展游戏化教学与管理已经成为国内学前教育行业发展的重要突破口。借鉴安吉游戏化管理的特色做法，现代幼儿园在游戏化管理中必须要结合如下途径践行：

## （一）围绕幼儿身心发展实际，创新开发游戏化管理策略与方案

游戏化管理的出发点与落脚点必须是促进幼儿身心健康发展。现代幼儿园在开展游戏化教学管理的过程中，应当首先立足幼儿身心发展实际，要根据托班、小班、中班、大班、幼小衔接等不同学段的特点，考量不同性别、不同家庭幼儿的差异性，创新开发差异化、细致化的游戏化管理策略与实施方案。具体实践中，托班、小班阶段的幼儿主要注意行为习惯、生活技能的养成，可以开发相关游戏课程，把幼儿是否掌握礼貌用语、基本生活技能作为重点监管与测评内容；中班阶段的幼儿在继续强化行为习惯、生活技能养成的基础上，进一步开展勇敢、善良、公正等优良品质的教育，游戏化课程的开发要符合这一阶段幼儿身心发展的特点，让他们明是非，初步养成健康的审美价值观；在前期教育基础上，大班、幼小衔接阶段的幼儿要侧重于必备知识与技能的学习，要围绕"学习"这个主体多开发一些游戏课程，让他们从感性层面认识到学习的重要性，积极参与游戏化学习活动，保障他们能顺利进入小学。

## （二）创建灵活便捷的"课程＋课堂＋户外"的立体游戏化管理环境

借鉴安吉游戏的成功经验，现代幼儿园应当创建灵活便捷的"课程＋课堂＋户外"的立体游戏化管理环境。从游戏化课程开发来看，游戏化管理既要融入党和国家最新学前教育理念，也要立足不同类型幼儿身心发展的特点。现代幼儿园之间可以组建游戏化课程联合开发团队，共同编制更符合幼儿实际的游戏化校本课程。幼儿园要定期对游戏化校本课程开展跟踪调研，深挖课程存在的问题及问题产生的原因，及时修改完善。从游戏化课堂建设来看，强化游戏化课堂管理是关键环节。从游戏化课堂规范、游戏化课堂考评、游戏化课堂教师培训等多方面强化管理，才能保障课堂高效运行。从户外游戏化场地建设来看，要特别重视户外游戏设施设备的维护等工作。户外游戏中，要把保障幼儿安全作为首要目标，特别是在开展一些激烈的对抗性户外游戏时，做好幼儿安全保护非常重要。幼儿园要对现有户外游戏设施进行定期排查，发现隐患及时解决。同时，户外游戏专项负责人也要做好软件环境建设，如张贴充满童趣的游戏人物海报等。简言之，幼儿园创建了立体游戏化管理环境，"蓬生麻中不扶而直"，幼儿参与游戏的热情将会不断提高，从而为游戏化教学与管理效率的提升奠定基础。

**（三）开发"幼儿园＋家庭＋社会"的多元游戏化管理评价体系**

现代管理学认为，公正客观、全面细致的评价是最好的管理手段。现代幼儿园要想提高游戏化管理水平，必须重视评价机制、评价体系的创新。从幼儿园游戏化管理长远发展看，积极开发"幼儿园＋家庭＋社会"的多元游戏化管理评价体系是当前和未来游戏化管理的必然发展方向。从幼儿园评价来看，应当侧重构建"幼儿＋教师"的自我管理评价体系，让幼儿不但成为评价的对象，更成为评价的主体。教师评价的目的应当是让幼儿更好地做好自我管理。要重视幼儿成长的过程性评价，积累幼儿从入园到"出园"的点滴成长瞬间，为每一个幼儿建立成长管理档案。从家庭评价来看，应当建立家庭指导服务中心，与幼儿园紧密合作，让家长从理念上重视、行动上积极参与幼儿游戏化管理与评价。从目前来看，家庭参与游戏化管理评价是短板，需要重点创新开发相关管理评价机制。从社会评价来看，主要是与幼儿所在居住社区开展合作，让社区工作人员关注本社区幼儿的健康成长，做好社区层面的管理与评价工作等。

另外，幼儿园之间加强互动交流，相互学习借鉴，也是现代幼儿园开展游戏化管理的重要途径。这样可以汇集各种管理资源，以较小的成本创新推进游戏化管理，进而逐步构建游戏化管理的长效机制。

## 三、结论

游戏化教学与管理逐渐成为学前教育的主流。从国内看，安吉幼儿园走在游戏化教学与管理的前列，已经积累了一些特色经验。现代幼儿园应当学习借鉴安吉幼儿园，加强游戏化课程、课堂与户外游戏教学管理，创建立体游戏化管理环境，积极开发"幼儿园＋家庭＋社会"的多元游戏化管理评价体系。

**参考文献：**

［1］陈超.浅谈幼儿园课程游戏化建设背景下的课堂教学活动课程管理
　　［J］.学周刊，2018（20）：172-173.

［2］曹永红.游戏化背景下幼儿园班级管理的有效策略探究［J］.智力，
　　2021（33）：19-21.

［3］姜阆.理念引领细节助推内涵建设——谈谈课程游戏化理念下的幼儿
　　园精细化管理［J］.幸福家庭，2021（20）：105-106.

# 做幼儿游戏的玩伴

四川省平昌县示范幼儿园　胡述英

游戏是幼儿园教育的基本活动，是幼儿的天性。《规程》明确指出：应充分尊重幼儿选择游戏的意识，保证幼儿愉快的、有意的自主活动。《纲要》中指出：幼儿园要以游戏为基本活动，要寓教育于各项活动之中。游戏，是幼儿最喜欢的活动，它汇集自由性、趣味性、假想性和创造性于一体。同时，游戏是幼儿最基本的活动方式，是获得发展的最佳途径，也是幼儿学习的基本方式。柏拉图提倡寓学习于游戏，他要求不强迫幼儿学习，主张采用做游戏的方法，认为在游戏中才能更好地了解每个幼儿的天性。教师在幼儿游戏中具有双重身份，主要是教育指导者与游戏伙伴。教育指导者，实际上包括观察者、组织者、建议者和活动材料的提供者等，而非仅发出指令要求等直接控制幼儿行为的控制者。教师作为幼儿的游戏伙伴，以平等的身份参与游戏过程，与幼儿共同探索操作，互相交流，遵守游戏规则。正如陶行知先生说的，教师要"变成幼儿"，与幼儿共享"欢乐"。教师的这种游戏伙伴的平等身份，可缩短幼儿与成人"两个世界"间的距离，使幼儿觉得亲切适意，而非拘谨畏惧，从而营造一种宽松和谐的人际环境和精神心理气氛。

**案例1：跳房子**

近年来，随着科技的发展，不管是大中城市，还是乡村幼儿园，其教学设备、室内外环境设施均有了不同层次的更新和替代。可我们不难发现：当幼儿走近高科技产品的同时，正日渐疏远着那些草根化的、蕴含丰富教育资源的、具有娱乐成分的民间游戏。而民间游戏具有很多优点，能很好地激发幼儿的兴趣，吸引幼儿主动参与，能很好地促进幼儿多方面的发展，是其他游戏不可比拟的。民间游戏具有随意性、趣味性、灵活性、简便性、地方性五大特点。因此，我园充分挖掘、开发和利用民间游戏，因地制宜地为幼儿创造游戏条件，让幼儿在民间游戏中愉快地成长，使他们的生活更加丰富多彩。传统的民间游戏不仅让现代幼儿体验到游戏的快乐，同时，民间游戏所独具的在材料、玩法、规则上所体现的全方位的"可变异性"，在老师的支持和引导下给幼儿的自主建构提供了广阔的空间。

"跳房子"又称为跳方阵、跳方格。跳房子活动因为是用一条腿支撑跳动，故青海等地俗称"瘸房房"。跳房游戏比赛可进行单人比赛，也可进行集体比赛；可比得分高低，也可比花样多少。跳房游戏花样极多（有几十种），有六格房、十格房、宽大房、圆顶房、大树房、飞机房、圆房、梅花房等。

幼儿园的幼儿们大都喜欢跑跑跳跳，相互追逐，所以，在园里，我们设计了一个跳房区。因为地形的原因，经过研讨，我们把这个跳房区设置在了小班教室外面的走廊里。

因为考虑到小班幼儿的年龄、生理发展特点，于是我们这个跳房区设置的难度比较低，小班的幼儿在玩的时候比较好掌握。一开始，小班的幼儿兴趣很浓厚，经常在里面跳来跳去。后来一些中班、大班的幼儿看着觉得也挺好玩，于是也常常跑来玩。但是随着时间的推移，渐渐地，我们发现，年龄稍小一点的幼儿还是经常会在里面玩，稍大一点的幼儿们就不太愿意去玩了，有时即使去玩，他们也会想出一些在老师看来是完全不安全的玩法。于是，我们引导年龄稍大的幼儿们在跳的过程中，增加难度，遇到双格的时候两脚并排落地跳，遇到单格的时候单脚落地跳。这样幼儿们的兴趣又产生了。

这天，大一班的幼儿又玩跳房子游戏了，一开始，幼儿们兴趣也还挺浓，但持续了没有几分钟，部分幼儿就兴趣降低，不太愿意去玩了。邹老师是位年轻老师，她很有想法，于是她把幼儿们都召集到一起，开始讨论我们的"房"应该怎么设计才会变得更好玩。

"这个房太规矩了，就这样子画在地上，不能改变，一点也没意思。""我觉得我们是大人了，这个对我们来说太简单了，就是单脚跳，双脚跳，这只适合小班的小朋友，不好玩。""这个跳房的中间可不可以再加一些其他游戏呢？""邹老师，我们可不可以自己想办法来画房子呀？"……幼儿们各抒己见，给邹老师提了好多意见。于是邹老师提议："要不，我们来试试看！"

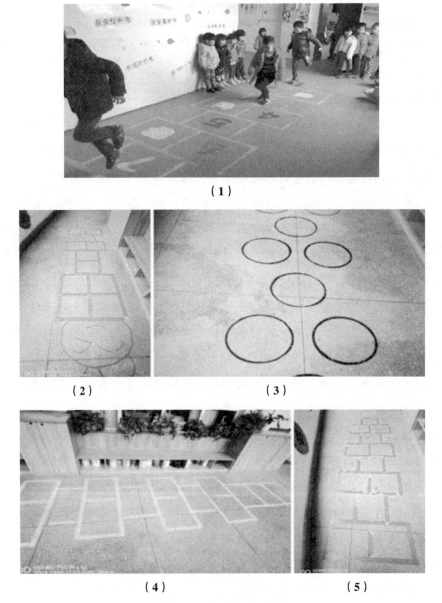

（1）

（2）　　　　　　　　　（3）

（4）　　　　　　（5）

图3-30　"跳房子"游戏

　　幼儿在与同伴的交流、讨论中，通过"画一画""跳一跳""说一说""做一做"，拥有了建立新经验的机会。游戏所具有的可变异性正是游戏魅力所在，它引领参与者提出问题、讨论问题、解决问题，教师更为幼儿的自主尝试提供支持和引导。

一天，邹老师和幼儿们正在一起探索呼啦圈的玩法时，突然有个叫白桐嘉的幼儿说："邹老师，我觉得我们这个呼啦圈还可以用来代替我们的'房子'做跳房工具，我们可以用呼啦圈来摆成各种造型的'房子'来玩。这不就增加了难度了嘛！"真是一石激起千层浪，幼儿们七嘴八舌地开始讨论，"能行吗？""呼啦圈能跳房？""这样怎么增加难度呢？""我觉得可以，这样，我们想摆成什么造型都可以。"……"那我们来试试吧。"于是，幼儿们都来动手，有的把几个呼啦圈摆成了一条直线，有的摆成了曲线，有的中间还设置了障碍，并一一去验证它的玩法，在这个过程中幼儿们玩得不亦乐乎。

这时，邹老师发现班上的丁俊钦小朋友玩了一会儿就停下了，他看着活动室墙外的一排轮胎若有所思，不时自言自语，还不停地用双手在比画着什么。经过询问，他有点胆怯地说出了他的想法，他说："平时小朋友们都喜欢玩轮胎，既然呼啦圈都能跳房，那我们可不可以用轮胎做我们的房呢？"听了他的话，邹老师沉思了一会说："嗯，你太棒了！那要怎么来玩呢？你能和小朋友们一起想办法自己动手来尝试一下吗？"就这样，经过幼儿们的反复验证，他们不但探索出了利用轮胎来玩跳房的玩法，居然还探索出了利用呼啦圈加轮胎来玩跳房的新玩法。

当然，这一过程并不是一帆风顺的，幼儿们也遇到了很多难题。比如，由于轮胎的体积要大一些，它的高度、宽度对幼儿们来说是一个不小的挑战，要如何才能够准确、安全地跳进去？比如，这个对于大班的幼儿来说难度要低一些，那假如小班的幼儿也想玩呢？依他们的能力能行吗？如何把轮胎和呼啦圈结合到一起来玩呢？中间可以设置一些障碍吗？……正因为诸如此类问题的出现，更是考验了幼儿的探究能力和解决问题的能力。

在这些想法得到成功的验证后，有的幼儿更是提出了许多其他的建议："我们还可以用竹梯来作为跳房工具""我们还可以用废纸来做跳房工具""我们还可以用我们做筷子操的筷子来做跳房工具"……

**策略：**让幼儿在探索过程中不断地去尝试、调整、发现，从只追求跳房工具的丰富多样到充分考虑到跳房工具的适宜性，从跳房工具的变化到随之产生的跳房新方法，在探索中逐渐发现。传统的跳房游戏为现代幼儿预留了广阔的空间，让他们自主发现、自主调整、自主建构。

**分析：**游戏是幼儿自发、自主地与空间、材料、环境相互作用的情境性的活动。在游戏中，教师的游戏伙伴身份不仅使幼儿产生愉快的情感体验，增强对所从事的活动的兴趣，更重要的是，这种环境气氛，还有益于激发幼儿的独立自主性，促进幼儿形成积极的自我意识，增强自信，减少对成人的依赖性；还有益于激活幼儿的思维，激发出积极的创造性行为。

**案例2：超市**

从以前的小卖铺到如今的大型超市，这些都是幼儿们最喜爱的地方，那里有琳琅满目的商品，家长也会带幼儿们去超市独立购物。借幼儿的兴趣，大五班的张老师谈论了超市购物的话题。在与幼儿的交谈中，张老师发现平时不善表达的幼儿都非常感兴趣地参与其中，他们知道各种大超市、小超市的名字。有的幼儿说："我喜欢超市，因为那里面有许多好吃好玩的东西，你想买什么都有。"张老师还发现幼儿有一定的超市购物经验，但对超市的认识与了解并不完整、全面。超市的主题是一个很好的、能激发幼儿自主探究的题材，它能使幼儿进一步关注自己身边的事物。于是，她引导幼儿生成"超市"主题活动。首先，张老师让幼儿了解以前小卖铺的商品种类和购买的方式，延伸到如今超市商品的种类及购买流程，并让幼儿们讨论如何来开展游戏、进行游戏。超市角色游戏就此生成了。当游戏进行到一定阶段的时候，幼儿对超市的认识越来越全面，积累了有关超市的各种经验。"我们也开个超市吧，一定很好玩。"于是他们发动家长一起收集各种"超市商品"，一起来创设区域环境。他们运用原有的知识经验，尝试将商品分类摆放，按材料分成几筐，投放秤、收银机、购物袋等玩具，讨论商品分类的方法及购买流程。幼儿们共同协商、分工合作，布置超市的环境，扮演超市中的各种角色，接着开始游戏。在游戏的过程中，幼儿们学着超市里大人的模样开始分工游戏，玩得不亦乐乎。

张老师趁幼儿的玩劲儿正浓的时候问他们："今天，我们的超市就要开业了。超市的商品应该怎么摆放？超市的员工是用什么方法摆放各种商品的？还要准备哪些必需品？超市游戏里要有哪些工作人员？你想当什么？怎么当？"于是她提出游戏要求，要协商讨论解决超市开业前的各种问题，幼儿按意愿选择角色，分工扮演收银员、售货员等。

由于准备的"商品"较多，为了防止幼儿因为兴奋而不遵守活动规则，活动前张老师特意与幼儿一起回忆角色游戏时应遵守的游戏规则，并在征求幼儿意愿的情况下对幼儿进行了分组，活动结束又和幼儿一起进行了总结和讨论："今天，你是当超市的什么工作人员？""在工作时，你都做了什么？""大家对自己开的超市满意吗？""你认为超市有哪些好的地方和不足的地方？不足之处怎样改进？"

**策略：**引导幼儿参观超市，并了解超市中工作人员的工作方式和交流方式。继续收集游戏材料，使幼儿在游戏中能熟练地使用材料进行游戏。

**分析：**本次"超市"游戏是幼儿通过生活经验，带着兴趣产生的游戏主题，他们自主地、积极地作用于环境，动脑动手，在自主游戏中体味成功感、挫折感，尝试解决冲突，进行情感交流，积累各种经验，获得身心和谐的发展。同时，游戏中，教师观察幼儿能否运用对超市原有的知识经验，尝试将商品分类摆放；观察幼儿是否会协商、分工，形成初步的角色意识；观察幼儿能否运用替代物创设超市环境。教师发挥教育者的主导作用，清楚自己的职责，在游戏过程中有目的地对幼儿施加积极的影响。例如，启发丰富幼儿的知识经验，引导幼儿思维，克服困难，解决游戏中的问题，并纠正幼儿的不良行为，培养其健康的个性。

自主游戏是幼儿个性化的游戏，是幼儿与幼儿之间的游戏，作为教师，应明确自己在游戏中的角色定位，放弃权威，做幼儿的支持者，支持幼儿自己选择玩什么、在哪里玩、和谁一起玩，从而激发幼儿的游戏热情，培养投入游戏的主体意识；做幼儿的合作者，作为幼儿游戏的合作伙伴以平等的身份与幼儿共同游戏，共享快乐，教师变成幼儿并亲切、融洽地投入游戏；做他们的引导者，当幼儿在游戏中碰到无法解决的问题和困难时，以普通游戏者的身份，留一些幼儿自己解决问题的空间，不急于发表自己的建议，不急于纠正、不急于示范，不让这些"急于"扼杀了幼儿在游戏中的自主探索，剥夺幼儿自主自由游戏的权力，留给幼儿足够的自主探索和想象的空间，大胆放手，把握好指导分寸，让幼儿的身心和谐发展。

**案例3：纸箱大变身**

在我们的日常生活中有很多可以利用的废旧材料，对其加以适当的加工就能够将其"变废为宝"，制作成既符合幼儿年龄特点，又有益于幼儿身心发展的体育活动的教玩具。我园结合园内自身条件和需要，调动家长资源收集了大量废旧的纸盒、纸箱，充分挖掘了纸盒的游戏利用价值，配以辅助材料的投放，开展了一系列形式多样、内容丰富的户外体育活动。在各种材料的投放过程中，我们鼓励幼儿自己动手、动脑"创造"属于他们自己的游戏。幼儿在一次次的活动中不仅锻炼了体能，动作越来越灵活、协调，身体素质得到了提高，而且丰富了感知觉的经验，并从中得到了积极愉快的情绪体验。

在单一地运用盒子本身的功能后，我们把盒子进行加工，开展了内容更加丰富有趣的体育游戏，不但使幼儿的身体得到了锻炼，而且使他们在动手动脑、交流沟通和合作配合方面得到了极大的提高。

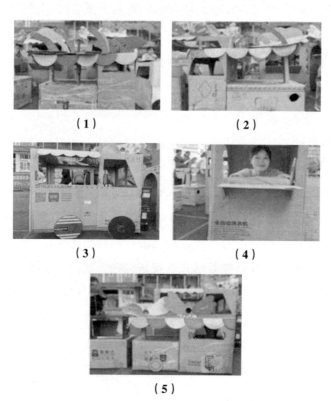

（1）　　　　　　　　（2）

（3）　　　　　　　　（4）

（5）

图3-31 "纸箱大变身"游戏

比如：

车轮滚滚：把纸箱的底部和上部形成封口的地方去掉，做成纸环，让幼儿探索怎样使之滚动起来。幼儿们探索出六种玩法。

（1）站在纸环里，双手上举顶住上部向前走。

（2）跪在里面向前爬。

（3）趴在里面，匍匐前进。

（4）手脚在外躺在里面，滚动身体使之滚动。

（5）仰躺在圈里，手顶住上部，双脚用力蹬使身体往前窜，带动纸环滚动。

（6）站在圈外，双手扶住圈，不停地交换手，身体前行，使之滚动。

巧过河：直接用鞋盒，每个幼儿两块，幼儿站在一块纸板上，用手把后面的纸板传到前面，再踩到前面的纸板上，这样反复地交换纸板，到达对岸。

走迷宫：把许多纸盒连成一个大迷宫，在每个纸箱的四面开上门。门上贴上一些标识，幼儿玩走迷宫的游戏。

穿大鞋：让幼儿们两只脚套上鞋盒，以比赛的形式，套着鞋盒跑到终点。这是小班幼儿最喜欢的游戏。

风火轮赛车：把纸盒拆开铺平，画上跑道设置拱形路障，幼儿们在起点发动小汽车，看谁的汽车跑的最远为胜。这是大班的游戏。

另外，还有用纸盒运萝卜和运小伙伴的小班游戏。这些游戏对幼儿们的集体合作有一定的要求，幼儿们都积极参加，各抒己见，出谋划策，认真地完成游戏任务。

**策略：**幼儿期的体育活动作为满足幼儿好游戏的天性和砥砺身心的一种活动形式，在幼儿成长、发展的过程中有着不可替代的作用。我们幼儿园的教师们充分挖掘活动形式、丰富游戏材料，探索一物多玩的方法，从而合理、有效地组织幼儿开展各类体育活动，更好地发挥体育活动的教育作用。

**分析：**游戏中，教师以自身行为的示范、强化和情绪感染等，引导和影响幼儿的游戏行为。同时，教师用扮演角色的方式参与游戏，通过和幼儿对话了解游戏开展的过程，尊重幼儿的游戏主体地位和游戏精神，积极投入到游戏过程中生成的情境里去，鼓励和帮助幼儿自主游戏，享受快乐，体验成功，促进幼儿健康、快乐地成长。

案例4："鸡蛋趣多多"

去年4月的一个星期一的下午，大一班教室传出一阵阵臭味，小朋友们都受不了了，于是他们捏住鼻子开始在教室里面到处寻找臭味的源头，在每个角落仔仔细细地寻找，结果发现臭味是张梓寒的书包里传出来的。大家打开书包一看，里面有很多破碎的鸡蛋，老师一问才知道：原来周末的时候，梓寒跟爸爸回农村奶奶家了，临走的时候，奶奶给他书包里装了十几个鸡蛋，回到家里他爸爸赶着上班就忘了拿出来。这时幼儿们纷纷讨论：为什么鸡蛋坏了就有臭味？为什么我们吃的鸡蛋是香香的？

老师看到幼儿们的兴趣这么浓厚，不想打击幼儿们的好奇心，更不想失去一次科学探究的机会，于是告诉小朋友们：那我们就来做一个"鸡蛋趣多多"的游戏好不好？明天小朋友一人拿一个生鸡蛋（就是未煮过的鸡蛋）来幼儿园，我们一起来做实验。不过，一定要小心哦，鸡蛋宝宝可能会和你藏猫猫、变魔术，一不小心，它可能就变没了哦！

于是他们就开始了"鸡蛋趣多多"的探索、游戏。

探索一："鸡蛋聚会"——怎样带鸡蛋。幼儿们有的装在书包里，有的捧在手里，有的用纸包起来，有的揣在衣服口袋里，有的装在盒子里……统计的时候发现：装在书包里的12人中，5好7坏；纸包的5人中，5好；手捧的7人中，5好2坏；盒子装的8人中，6好2坏。

幼儿们讨论：

（1）书包背的鸡蛋怎么碎的最多？他们发现因为有的书包有点硬，鸡蛋被挤碎了，有的鸡蛋被书包里的书、水杯等碰碎了。

（2）手捧的鸡蛋碎了是因为有的幼儿拿在手上忘了，在往桌子上放的时候重重地放下去就碎了。

（3）用纸包的鸡蛋被保护得最好，因为纸是软的。

（4）用盒子装的鸡蛋是因为鸡蛋之间有空隙发生碰撞所以碎了。

得出结论：鸡蛋易碎，要轻拿轻放。

探索二：鸡蛋"动"起来。幼儿已有的经验告诉他们：圆圆的东西都可以滚起来。于是他们拿着鸡蛋在桌子上、地板上、草地上、塑胶垫子上滚动，发现鸡蛋在桌子上、地板上滚得快，但容易摔碎；在草地上不容易摔碎，但滚得慢；在塑胶垫子上既滚得快又不容易摔碎。

图3-32　鸡蛋"动"起来游戏

**探索三：鸡蛋"宴"。**

一是尝试煮白水蛋，煮的过程中幼儿发现有的鸡蛋爆开了，鸡蛋上像开了一朵小花，锅里也会有很多白色的泡泡。通过不断的尝试发现：原来因为火太大，有的鸡蛋在往锅里放的时候没有轻轻放，碰损了蛋壳，所以煮的时候就会爆出来。

二是炒蛋花、做鸡蛋饼。在打鸡蛋的时候，还发生了一件特别有趣的事情：杨子恒发现他的鸡蛋里有一只刚成型的小鸡仔。幼儿们马上围了过来，并七嘴八舌地讨论起来：小鸡是怎么进去的？小鸡是昨天晚上悄悄进去的吗？那是小鸡的房子，小鸡就住在里面的。小鸡的妈妈呢？有一个小朋友说：我奶奶说将鸡蛋放在母鸡肚子下就能变出来小鸡。幼儿们特别兴奋、特别激动。还有幼儿说：我妈妈用鸡蛋壳种花；我奶奶把鸡蛋壳给母鸡吃了，母鸡就可以多下蛋。

图3-33　鸡蛋"宴"活动

**策略：** 鸡蛋是生活中非常常见的食物，材料易取，但又区别于其他游戏材料，易碎不好保管。老师首先挑起幼儿的好奇心，再让他们去发现问题—解决问题—发现新问题—再解决问题，从而激发幼儿的探究欲。

**分析：** 他们整整探索了一个月，在这个过程中，幼儿们一直不断地在观察、在发现、在思考、在实践、在想象，所有的问题都是幼儿们自己发现再想办法解决，并不是老师设计的，老师只是作为一个游戏者参与其中，与幼儿一起发现、一起探索、一起解决问题。老师和幼儿都在收获，都在成长。

陈鹤琴先生说过："小幼儿生来是好动的，是以游戏为生命的。"确实，游戏对于幼儿来说犹如生命那么重要，游戏是他们生活中最基本、最喜爱的活动。这就要求作为幼儿教师的我们必须把握好自身在幼儿游戏中的双重身份，细心地观察、积极地想办法，为幼儿游戏创造条件，科学地指导幼儿游戏，巧妙地利用游戏开展活动，充分发挥游戏在教育教学中的作用，不断地积累、总结，指导幼儿开展游戏的经验。同时，教师要做幼儿游戏的玩伴，恰到好处地给幼儿游戏进行示范，使幼儿愉快地、创造性地玩。